理解

现实

困惑

我想要什么样的爱情？

1. 想象我面前站着将与我相伴一生的伴侣，我觉得他/她是……

    A. 他/她非常迷人，让我一见钟情。
    B. 他/她和我有共同的兴趣爱好。
    C. 他/她会带给我很多乐趣。
    D. 他/她坚定地爱着我，不会轻易改变。
    E. 他/她与我在生活目标上很相配。
    F. 他/她非常需要我，与我是共同体。

2. 恋爱中的我是什么样的？

    A. 我的爱非常强烈，倾注着我内心深处的渴望。
    B. 我们一起玩乐，就像一对最好的朋友。
    C. 爱情是一场冒险，不同的恋人教会我不同的东西。
    D. 我细心关注伴侣，有了他/她，我自身的存在感也更强了。
    E. 我寻求长期稳定的幸福，但爱情只是我人生的一部分。
    F. 我不再孤单，但我经常担心离了我，没人照顾他/她。

扫码关注"心理经纬度"微信公众号，后台发送"爱情"获取答案。
本书含有更多的实用评估练习，欢迎尝试。

如何爱
一个具体的人

【美】莱斯·帕罗特 莱斯莉·帕罗特 著　邓林园 黄万懿 黄昕鑫 译

中国纺织出版社有限公司

原文书名：Real Relationships
原作者名：Les and Leslie Parrott
Published by arrangement with HarperCollins Christian Publishing. Inc. through the Artemis Agency.

本书中文简体版经 HarperCollins 授权，由中国纺织出版社有限公司独家出版发行。

本书内容未经出版者书面许可，不得以任何方式或任何手段复制、转载或刊登。

著作权合同登记号：图字：01-2024-5350

图书在版编目（CIP）数据

如何爱一个具体的人 / （美）莱斯·帕罗特
（Les Parrott），（美）莱斯莉·帕罗特
（Leslie Parrott）著；邓林园，黄万懿，黄昕鑫译.
北京：中国纺织出版社有限公司，2025.3. -- ISBN 978-7-5229-2119-8

Ⅰ.C912.11

中国国家版本馆CIP 数据核字第20240FB330 号

责任编辑：李文潇　关雪菁　　责任校对：寇晨晨
责任印制：王艳丽

中国纺织出版社有限公司出版发行
地址：北京市朝阳区百子湾东里 A407 号楼　邮政编码：100124
销售电话：010—67004422　传真：010—87155801
http://www.c-textilep.com
中国纺织出版社天猫旗舰店
官方微博 http://weibo.com/2119887771
北京华联印刷有限公司印刷　各地新华书店经销
2025 年 3 月第 1 版第 1 次印刷
开本：787×1092　1/32　印张：8.25
字数：108 千字　定价：58.00 元

凡购本书，如有缺页、倒页、脱页，由本社图书营销中心调换

目 录

引言　我们对归属感的渴望

亲密关系事关生死 / 006

人际关系很难变简单 / 008

边阅读边做练习吧 / 010

第一部分.与自我

01　爱不是自我完整的冲动

追求自我完整 / 019

练习1：你的人际准备 / 022

破坏关系的内心谎言 / 025

怎样变得完整 / 034

练习2：塑造你的命运 / 048

02 原生家庭不完美，不等于不健康

原生家庭的力量 / 059

练习3：你的家庭关系有多健康？ / 064

家庭带给你的3个"R" / 067

练习4：从父母那里学到的经验教训 / 077

你也可能被骗了 / 079

如果父母离婚了 / 081

第二部分.与朋友

03 朋友往往是阶段性的

我们为什么需要朋友 / 092

练习5：真朋友测试 / 101

如何找到真正的朋友 / 103

练习6：你是一个"促进成长型"倾听者吗？ / 106

如何维持一段真挚的友谊 / 108

练习7：评估你的奉献程度 / 115

网上的朋友：环境亲密 / 119

04　学会修补有瑕疵的友谊

对朋友有多少期望是合适的 / 129

为什么友谊可能会破裂 / 132

练习8：从失败的友谊中学习 / 138

不可调和的差异 / 140

练习9：这段友谊还能恢复吗？ / 143

修补破裂的友谊 / 145

练习10："五步法"修复关系 / 155

结局可能既宽慰又遗憾 / 159

第三部分.与恋人

05　想象另一种性别的生活

可能是另一个世界 / 167

练习11：如果你是异性呢？ / 171

与异性相处需要知道的事 / 173

在异性面前表露另一面 / 176

06　落入爱河的智者

对爱情洞若观火的智慧 / 187

练习12：你的爱情智商有多少？ / 189

智慧爱情是如何运作的 / 192

练习13：你能坚定做自己吗？ / 203

爱是起落的潮汐 / 210

认识人类的性 / 211

07   分手令我心碎，但我还是完整的

为什么有些人会留在糟糕的关系中 / 220

分手的3个常见原因 / 222

练习14：是时候分手了吗？ / 225

当你是想离开的一方时 / 227

当你是心碎的一方时 / 233

练习15：避免责怪游戏 / 238

分手后会怎样 / 243

引言

我们对归属感的渴望

> 那些习以为常的关系带给我们的安慰,是无可替代的,也是特别珍贵的。
>
> —— 艾丽丝·默多克

曾经，一群有开创精神的研究人员试图揭秘一个老生常谈的问题——什么让人快乐？他们的答案出乎意料。高居榜首的不是成就、财富、美貌，或其他一些令人羡慕的事物，而是人际关系，尤其是亲密关系。

人际关系能最深刻地触及人性深处。为什么？一个原因是，它只存在于和他人的联结中，而与他人的联结感能够满足我们最深层次的需求。无论我们情愿不情愿，我们都不可避免地依赖他人。哲学家约翰·多恩（John Donne）言简意赅地说明了这个问题："没有人是一座孤岛。"我们需要友情、亲情和爱情。它们不是生活中的选择，或点缀，而是人类生存的必需品。我们需要归属感。

不久前，一个星期六的晚上，我们参加了芝加哥一档电台脱口秀节目。这个节目对全国大部分地区播放。我们夫妻二人和主持人，三人一起坐在一个堆满电台设备的小玻璃隔间里，一个接线员在隔间外负责接听来电。从晚上 8 点到 10 点，我们和来自美国各地的陌生人交谈。电话总是处于占线状态，一个在说，五个在等。话题从家庭和朋友间的问题谈到性和恋爱关系。

这算不上是访谈，我们只是一场大规模讨论的嘉宾——当主持人想听到专业的看法时，我们就加入自己的观点。节目一开始，大多数打来电话的人都会表扬或斥责上一个打电话的人。一位很有代表性的来电者说"上一个说他妈妈太强势的家伙需要自力更生""如果他不想要一个爱管闲事的妈妈，他就自己搬出去"等等，滔滔不绝。我们从来没有做过这样的广播节目，我们觉得，大多数人都更喜欢自说自话。至少在绝望的大学生汤姆打来电话之前，我们都是这么觉得的。

主持人说："汤姆，电话已经接通了，开始吧。"

"呃，我从来没有给电台打过电话，但是我有点……"汤姆清了清他的嗓子，继续慢条斯理地说着，"我有点……"

时间观念很强的主持人说："你有什么问题或意见吗？开始吧。"

"我没有什么问题，"汤姆深深叹了口气，"我只是听着听着，然后觉得……我不知道……"

主持人对我们翻了个白眼，给玻璃隔墙外的制作人打了个手势,让汤姆挂掉电话,切下一个来电者。

我(莱斯)说:"汤姆,你打电话来是有原因的吧,你现在感受如何呢?"

"嗯,我只是太久没和人说过话了。"

"你没跟任何人说过话?!"主持人脱口而出。

"我有和人说话,但那并不是真正意义上的谈话。"

主持人露出疑惑的神色,朝我们这边点了点头。

"好的,汤姆,你现在是什么感受呢?"我又问。

长时间的沉默之后,汤姆回答了一个词:"孤独。"

这个词和他说这个词时的坦率与脆弱——以及随后的讨论,彻底改变了节目最后十几分钟的基调。顽固的来电者和那些自以为是的评论似乎都消停了。打电话的人一个接一个地表达了与汤姆的情绪共鸣。在这个周六的晚上,即使每个电话只有几分钟时间,全国各地都有听众打来电话分享他们孤独的经历。就连愤世嫉俗的主持人也热烈响应起来,大声问道:"即使身处人海,我们所有人不也常常感到孤独吗?"

答案是肯定的。我们身处这样一种文化中,我们可以通过社交网络拥有上百个"朋友",但很少与他们在线下见面；我们可以跟银行出纳员没有任何接触，直接从取款机里取出现金；我们可以走在拥挤的人行道上而从不与他人眼神交流；我们可以只给语音系统客服打电话获取信息、寻求帮助；在人山人海中，我们真的有可能孤身一人。事实上，全美调查发现，有 1/4 的美国人说他们在一个月内感到孤独。但也有 2/3 的美国人不觉得自己孤独，他们说自己一直处于和他人的亲密关系中。

令人惊讶的是，与有魅力、聪明、讨人喜欢的同学生活在一起的大学生是社会中最缺乏人际关系的群体。事实上，大学生寻求心理咨询的首要问题就是人际关系困扰。一些专家解释说，学生往往过于理想主义，对潜在的伴侣和朋友期望过高；学生可能会拒绝潜在的朋友和伴侣，因为他们被自己的社交焦虑所困，也害怕被拒绝；网络社交也减少了人们与朋友面对面交流的机会。总之，不管什么原因，大家都认同的是，无论在什么年纪，我们都深深地渴望归属感。

我们渴望被需要、被接纳、被欣赏、被爱。心理学家称其为"附属内驱力"（affiliative drive）。毫无疑问，没有人会因为自身太强大、太健壮、太有才华或太坚毅就不需要归属感。然而，对归属感的需要不仅仅是因为想要得到温暖和被接纳，而是一个事关生死的问题。

亲密关系事关生死

在第二次世界大战期间，医生们发现了一种致命的神秘疾病，他们称之为消瘦症（marasmus）。这种病症是在一群孤儿中发现的，这些孤儿被安置在一个照护机构里，那里有色彩鲜艳的玩具、崭新的家具和美味的食物。然而，尽管有舒适的住宿条件，这些孩子的健康状况却迅速恶化。他们很快就对新玩具失去兴趣，也渐渐没有了食欲。他们小小的身体变得虚弱，昏昏欲睡，疲惫不堪，甚至出现了死亡。

消息传出，联合国的医生飞了过来，对孩子们进行诊断和治疗。短期调查后，医生开出了一个简单的处方，在几天内解决了这个问题：护士每小时花10分钟与所有孩子抱一抱、亲一亲、玩一玩、聊聊天。有了这个简单的处方，孩子们精神焕发，食欲大增，又开始玩玩具了。他们的"消瘦症"治好了。

这一事件并非首次让人们意识到人际关系对我们生存的重要性。18世纪中叶，普鲁士国王腓特烈二世进行了有史以来最可怕的实验之一。他想证明，如果仅提供食物和水，没有人照顾的新生儿会不会自己开始说拉丁语。不用多说，婴儿们都死了。

正如这些婴儿一样，我们并不懂得亲密关系的微妙的心理动力学基础，但我们对联结（connection）的需求如此强烈，以至于它的缺失会损害我们身体的生长和发展，甚至带来死亡。人类对关怀的深刻需求丝毫不会随着年龄的增长而改变。那些将自己孤立起来，甚至拒绝养宠物的成年人，可能比那些有伴侣的人死得更早。

美国加州大学伯克利分校和密歇根大学分别进行的两项独立研究发现，没有滋养关系（nurturing relationships）的成年人过早死亡的概率是那些有滋养关系的成年人的两倍。密歇根大学的詹姆斯·豪斯（James House）说："数据表明，社会孤立对死亡率的影响与吸烟、高血压、高胆固醇、肥胖和缺乏体育锻炼一样重要。"

人际关系很难变简单

社会学家把我们对归属感的渴望称为融合、合群或社交，其他人称之为友谊、联结或关系。不管它叫什么，大家普遍认同的是，我们生来就有一种永不满足的内在需求，即与他人进行有意义的互动。这种需求从我们生命的第一天开始，一直持续到我们咽下最后一口气。

所以，不要为你想要和某人亲近的强烈欲望道歉。不要因为表面的满足而忽视了内在真正的需求。每个人都想要被需要、被接纳、被欣赏、被爱。通过忽略自己对亲密关系的渴望来显得高高在上，就像假装没有食物你也能生活一样愚蠢。

如果我们对归属的需求、对与他人建立亲密关系的需求是如此普遍，甚至是命中注定的，你可能会想，那为什么它如此复杂？为什么有时候这么难？

我们想的都一样。人际关系相当复杂。首先，我们自己的家人，我们最爱的人，有可能给我们带来最深的痛苦。谁没有经历过一段困惑难解的感情，本来轰轰烈烈却又突然毫无征兆地消失了？我们最信任的朋友有时会让我们最失望。然后是与异性交往的奥秘。我们还需要举更多例子吗？

你可能会认为，人类在地球上生活了这么久，我们应该已经学会了让人际关系变得更简单些。这并不是说我们没有尝试过。但那些关于人际关系的民间智慧，有时不仅不能解决问题，还会引发更多的矛盾。

尽管我们的初衷是美好的，也付出了切实的努力，但事实上人际关系很难变简单。美剧《宋飞正传》中说，现代人际关系的复杂性有一个很好的体现，那就是贺卡厂商被迫推出空白贺卡："什么都没有——没有留言。"就像贺卡厂商说的那样，"我们放弃了，你自己想想写什么吧。这事不值得我们介入。"

但是，作为研究过许多错综复杂人际关系的教育家和心理学家，我们不打算放弃。我们决定通过这本书参与进来。这并不意味着我们想干涉你们的感情。只是在经过多年的认真研究和数不胜数的心理咨询会谈后，我们掌握了一些最有效的策略、技巧和见解，用来培养健康的关系。这些原则可以帮助你在关系刚出现一些问题的苗头时就解决它们。通过这本书，我们想把这些原则分享给你们。我们不会假装许诺能回答每一个具体的人际关系问题，我们甚至不能保证让你的人际关系会变得更简单。但我们确实想让你的人际关系变得更健康、更快乐、更牢固。

边阅读边做练习吧

本书的第一部分，主要是帮助你了解你是谁，以及你给你的人际关系带来了什么。除非你对自己的人际关系有清晰的认识，否则你很可能最终会执着于恋爱中的想象，而不是与你交往的那个具体的人。

我们还将向你展示你的原生家庭是如何或好或坏地持续影响你现在的人际关系的。我们将告诉你如何往好的方向上利用你的家谱，这样它就不会再给你增添困扰和麻烦。

接下来，我们来好好谈谈友谊。在第二部分我们探讨了什么是真正的朋友，以及在你和朋友把关系搞僵后，甚至是在你的好朋友让你失望后，你该怎么做。

第三部分会帮你直面你的爱情生活。这种关系有时是如此神秘，令人难以抗拒。而在最后，无论你是"想离开的人"还是"心碎的人"，你都能学会如何诚实地处理分手这种往往令人痛苦的情况。

> 人与人之间的关系，常助我们前行，因为它们指引着未来的路。
>
> ——阿尔贝·加缪

也许在读这本书之前，你的人际关系已经很稳定、很牢固了。但我们相信书中的练习仍可以帮助你合理评估你的状况，使你更享受人际关系的美好。我们希望健康的人际关系能给你带来舒适和幸福，我们也希望你永远不要把它视为理所当然。

第一部分.

与自我

01

爱不是自我完整的冲动

> 只有当我们不再强迫性地需要那个人时,我们才能与他建立真正的关系。
>
> —— 安东尼·斯托尔

01 爱不是自我完整的冲动

在大学任教的早期，我们开设了一门课程，公开、诚实地回答有关家庭、朋友、恋爱的问题。简而言之，这门课教的是健康的人际关系的基础知识。

当时，世界上各个大学的课程体系几乎能为所有你能想到的话题提供指导，但试图找到一门关于如何建立良好关系的课程却不那么容易。我们想要改变现状。作为在大学校园里教书的心理学家（莱斯）和婚姻家庭治疗师（莱斯莉），我们掌握大量人际关系研究。这些研究表明，只需稍加辅导，大多数人都能把糟糕的关系变得更美好。而这正是我们想要教给学生的。

这门课程是一个自愿参加的非正式小组。任何学生都可以随时加入或退出。

这门课的开设过程很顺利，没有遇到任何来自学校的阻力，前提是不收费，而且要在我们的私人时间里教授，且没有任何学分。当然，学校里有些人认为，我们讲的内容既不是学术课题，也不是大学课程的重要组成部分，他们对此提出了质疑。一位教授在讨论我们的课程计划时说，这门课"毫无意义"，还有人嘲弄地问这门课是否需要实验室。

尽管如此，这门课还是在那年秋天开设了，学生们都来报名。第一天登记完后，我们就接到了教务处的电话，通知我们原来可容纳25名学生的教室换成了可容纳225名学生的大礼堂。从那以后，我们一直在教这门课，后来，它成了学校里规模最大的课程。

人必须有"我"，这比生存更重要。

——查尔斯·霍顿·库利

从第一个秋天开始，我们在全国各地的校园里做讲座，教授健康关系的基础知识。我们的开头千篇一律："**如果你在获得自我认同之前，就试图与另一个人建立亲密关系，那么你所有的关系都将变成一种自我完整的尝试。**"

这句话诠释了感情真实、圆满的关键。如果你还不能领会其意,那么,你所能期待的最好的关系也不过是一种虚假的、转瞬即逝的亲密感,这种亲密感来自一系列暂时的依恋。然而,一旦你理解了这句话的真谛,并将其内化,你就会发现你得到了能带给你恒久安定的归属感——这种归属感可以来自家庭、朋友、你生活中所热爱的事物。对"我是谁"有一个坚定的认识,是你建立稳定的友谊并找到灵魂伴侣的基础。

在爱中,两个孤独的人互相保护,互相安抚。

——莱内·马利亚·里尔克

许多人在某些时刻都觉得好像缺了点什么。我们都曾与孤独斗争过。我们都曾感到自己想要融入群体,却被孤立,被疏远,不被接纳。当我们发现自己处于空虚中时，我们通常会强迫性地寻找一些外物或一些人来填补空虚。我们购物、喝酒、吃东西，我们做任何事情都是为了将自己从孤独的痛苦中解脱出来。最重要的是，我们告诉自己，"**如果我找到了那个对的人，我的生活将是完整的。**"可惜，事情没那么简单。不然我们就不会有让我们失望的朋友和破裂的婚姻了。而事实是，我们感到空虚的原因不是我们生命中缺少了什么人，而是我们自身不完整。

为了建立健康的人际关系，你需要建立完整的自我价值感和健康的自我意识。

你可以把这一章看作是探索这句话奥秘的指南："**如果你在获得自我认同之前，就试图与另一个人建立亲密关系，那么你所有的关系都将变成一种自我完整的尝试。**"有一些潜意识中的谎言会不知不觉破坏掉良好的关系，我们将逐一破除这些谎言。

追求自我完整

斯蒂芬妮是一名 25 岁左右的学生，她来到我们

01　爱不是自我完整的冲动

的办公室咨询她目前的恋情,这是她第三次恋爱,而她每段恋情都只持续了一年左右。她现在的男朋友叫丹,是一位成熟自信的大学毕业生。斯蒂芬妮谈到他时,幸福得不得了。

她说:"我非常爱他。上周末,他送给我一只可爱的小泰迪熊,庆祝我们恋爱满10个月。"她接着描述了他的许多优点,"他太棒了,我只是……"斯蒂芬妮开始颤抖,话没说完,她就哭了。我(莱斯莉,本书作者之一)递给她一盒纸巾,问她怎么了。她擦去泪水,脱口而出,她害怕做错什么事,"毁了它"。

"我以前就干过这种事,"斯蒂芬妮坦白道,"我刚开始一段感情的时候,一切都很顺利,然后我就做了一些事,把它搞砸了。"

莱斯追问:"比如呢?你做什么会让丹离开呢?"

斯蒂芬妮继续抽泣着,她坦言,她害怕自己很愚蠢、不负责任,又懒惰,她列举了她能想到的所有她不受欢迎的特质。她告诉我们,当她和恋人约会时,她总是感觉很棒。她说:"我感觉自己更完整了。"

显而易见,同样的故事我们以前听过很多次,只是名字和面孔不同罢了。斯蒂芬妮充满了不安全感,极度害怕失去男友,是他让她感到了自我的存在。和丹在一起,斯蒂芬妮感觉更完整了。

斯蒂芬妮主动说:"我愿意为丹做任何事。"

莱斯直言相告:"也许这就是问题所在。"

斯蒂芬妮看起来很惊讶,同时也很好奇。

余下的时间里,我们就像举着一面镜子,去帮助斯蒂芬妮看清自己。就像一个担心父母离开而焦虑的孩子一样,她拼命地想避免失误,以免男朋友离开。斯蒂芬妮更关心如何取悦丹,而不是去和丹建立一段关系。为什么?因为,当人没有建立起自我同一性,即没有形成对自我完整的认识时,就会去寻找另一个人来补全自我完整感,斯蒂芬妮就是这样。所以她害怕分手也就不足为奇了。

人有强烈的本能去追求自我的完整性,然而它通常并不在意识层面上运作,而是在潜意识中发挥作用,甚至会驱使我们相信一些最有害于关系的内心谎言。

练习 1：你的人际准备

偶尔停下来呼吸，接受评估，了解自己，这是件好事。我们都需要时不时地得到客观反馈。这是第一个练习，它将帮助你识别你对自我完整的追求。

以下自测将花费大约 5 分钟，帮助你评估你的人际关系的"准备状态"。按以下评分标准，根据你的真实情况回答每一题：

4 经常
3 有时
2 很少
1 从不

___ 当我终于不用一个人时，我有解脱感。
___ 有任何人陪总比没有好。
___ 如果我没有恋爱关系，我会觉得自己不够吸引人。

___ 当我想到没有人可以亲近时，我会有一丝恐慌。

___ 孤独的想法让我心生恐惧。

___ 我很容易满足于任何恋爱关系，因为我不知道能否找到更好的人。

___ 我在恋爱上，更多是被选择的问题，而不是选择别人的问题。

___ 当我在约会时，我对自己的感觉更好。

___ 我不喜欢独处。

___ 当我恋爱或交朋友时，我对想找的对象的个人特质没有很清晰的想法。

_____ **总分**

评分：将每道题的得分加起来，总分为 40 分。你的得分解释如下：

40—30：你急需建立更健康的自我认知和自我完整感。请重点关注本章讨论的实现完整自我的四个步骤。

29—20：你在建立健康的自我认知和自我价值感方面已经做了一些重要的工作。然而，你仍需继续努力，构建一个更完整的自我，以确保建立更健康的关系。

19—1：你已经建立了自我安全感，并对完整的自我感到自信。这将有助于你在处理人际关系时表现良好。

破坏关系的内心谎言

社会心理学家乔治·赫伯特·米德（George Herbert Mead）有句名言："**自我只存在于与其他自我的关系中。**"换句话说，拥有一段关系，成为群体中的一分子，有助于我们探索自我。虽然人际关系是探索自我的途径，但人际关系并不一定能促进完整自我的发展。这就是问题所在。如果我们对"我是谁"没有一个坚定的认识，我们注定会相信以下两个微妙谎言中的一个，从而破坏我们的人际关系：（1）我需要这个人，我才能完整；（2）如果这个人需要我，我就会完整。

第一个谎言：

我需要这个人才能完整

根据第一个谎言，只要我们把自己和另一个人绑在一起，我们立刻就能变得完整，所有的需求都能得到满足，从此万事大吉了。对于渴求自我完整的人来说，这种引诱是无法抗拒的。谁能拒绝一条通往自我成长的捷径呢？难怪那么多人会喝下这个谎言的毒药。

丽贝卡就是个例子。她二十多岁的时候，一副惨兮兮的模样。她在大学时和汤姆约会过几次，但没有发展成正式的恋爱关系。毕业几年后，汤姆因工作来到了丽贝卡的城市，他们开始时不时地结伴出去玩。"我们不仅仅是朋友，"她这样描述，"你可以说我们正在约会，但对汤姆来说，好像并没有什么火花。"她谈到，汤姆更注重他在市场营销方面的事业，而不是他们俩的关系。事实上，汤姆正在考虑搬到另一座城市去参加一项培训计划，以增加自己的工作竞争力。这就是丽贝卡来到我们办公室咨询的原因。

他们俩已经进行了四个月的"准"约会，丽贝卡考虑和汤姆一起搬到另一座城市去。她告诉我们："我现在的工作没什么好说的。我在那座城市有个姨妈，她说我可以在她的空房里住一段时间。"

我（莱斯，本书作者之一）觉得自己可能误解了，于是向她求证："你要横跨半个国家搬到另一边，就为了和一个对你们的关系没有任何承诺的人在一起?"

丽贝卡紧张而兴奋地说:"我知道这很疯狂。可我和汤姆是天生一对,只是他还没意识到而已。也许这听起来没什么道理,但我必须这么做。我的意思是,我们真的有戏。"

我心里咯噔了一下,因为我知道她多么渴望一段感情,以及这样的决定可能给她带来多大的痛苦。我们花了些时间探讨其他选择,但她对此不感兴趣。她不需要建议。丽贝卡要搬走,跟随她那位披着闪亮盔甲的骑士,没有人能阻止她。

我一生的主要动力,是渴望他人的认可。

—— 汉斯·塞利

丽贝卡这样的事并不稀奇。当人们相信有一个人会满足他们所有的需求时,他们几乎会做任何事——

辞职、发生性关系、怀孕或追随那个人到天涯海角——只是为了和那个人在一起。那些相信别人会满足他们所有需求的人会变成别人期待的样子。还记得导演伍迪·艾伦（Woody Allen）的电影里的泽利格（Zelig）吗？他成了周围人希望他变成的样子。他是由外在环境定义的，指望别人告诉他他是谁。"我需要这个人才能完整。"——相信这个谎言的人也会做同样的事情。问题是，通过追求另一个人来建立一段关系，让你感觉自己是好的，这必然会带来灾难。

搬家6个月后，丽贝卡再次出现在我们办公室门口。莱斯莉惊喜道："嘿，我还以为你搬走了呢。"

丽贝卡说："现在又搬回来了。事情进展得不太顺利。"接下来，丽贝卡告诉我们，仅仅几个星期后，汤姆就开始和他在培训中认识的另一位姑娘约会，现在他们快要订婚了。她说她过得还行，但自从她"失去"了汤姆，她就降低了对自己的期望，对于以前从未考虑过的男性也可以"将就"。那天离开办公室之前，丽贝卡至少花了30分钟把汤姆痛骂了一顿。

有太多人把自己依附在另一个人身上，借此获得支持、认可、目标、安全，当然还有身份。当失望不可避免地到来时，他们会痛苦地抱怨这个人辜负了他们。

事实是，自我价值并不单单有赖于你生活中某个人的存在。当你陷入一段缺乏自我价值感的关系时，你有的只是需求感。即使你真的赢得了另一个人的心，随着交往的深入，你仍然会落空。这个谎言的毒害就在于此。期待另一个人（无论是朋友、恋人，还是你的家人）帮你过好你的生活，是不现实的，实际上也是不公平的。没有人有义务赋予你身份或让你完整。你生命中出现的人们是来和你分享生活的，而不是成为你的生活。

认识你自己。

——希腊德尔斐神庙上的铭文

第二个谎言：

如果这个人需要我，我就会完整

第二个关系谎言和第一个一样有害，甚至更残酷。生活在这种谎言中的人似乎不那么绝望。他们不会为了赢得别人的认可而扭曲自己。相反，他们只是追求胜利。他们同样缺乏自我认同和自我价值感，因此他们希望与任何人建立关系，让他们脆弱的自我显得强大。他们对承诺不感兴趣，只对征服他人感兴趣。征服的人越多，他们越满足。

对这类人来说，他人是一种可以被获取的对象，就像一个耀眼的奖品，用来炫耀自己。与别人约会时，约会对象的感受并不重要，重要的是他们自己的感受。他们显示出极端的享乐主义，并且对他人缺乏尊重。

前段时间，我们观看了西雅图戏剧团的一场演出，雷克斯·哈里森（Rex Harrison）在经典音乐剧《窈窕淑女》（My Fair Lady）中再次饰演他的著名角色。剧情从亨利·希金斯教授站在伦敦街头开始。他身旁是他的老朋友皮克林上校，他们正看着女主人公伊丽莎，她是一个卖花女。希金斯教授和皮克林上校打赌，看希金斯教授是否能将这个卖花女变成一个淑女。希金斯花费了很多时间教伊丽莎正确的英语发音和礼仪教养。在一个盛大的社交之夜，检验教学成果的时候到了。伊丽莎穿着华丽的礼服，宛若一个公主名媛，而人们相信了这一点。

当天晚些时候，回到家后，伊丽莎反思着她生活中发生的事情，她说："我终于明白了卖花女和公主之间的区别，就是人们对你的态度。希金斯把我当作一个卖花女对待，所以对他来说，我永远都只是一个卖花女。"

爱是不自夸，不张狂。

——《圣经·哥林多前书》

那些相信第二个谎言的人就像希金斯教授那样。对他们来说，一个人只是一个项目，一个可以写在他们的关系履历表上的成就。他们并不尊重这个人，只要被这个人需要，就足以让他们自我感觉更好。

如果你认为他们只是在寻找一个需要照顾的对象，那就错了。他们真正在意的是"被别人关心的梦想"。只是他们没有意识到，在努力实现这个梦想时，他们必须作出巨大的妥协。事实是，当你的目标是被别人需要时，你不会吸引到最健康的人。

27岁的瑞克是一个衣着讲究、身体健康、笑口常开的人。他交往过的女性数不胜数。他在当地的两个单身社团中表现活跃，但这位"花花公子"最近却打算浪子回头。在我（莱斯）遇见他时，他正在考虑"安定下来"。

我当时参加了一个静修活动，在一张野餐桌旁与瑞克交谈。他告诉我，他最近在追求一个叫蒂娜的女孩。他说："我不知道该怎么办，她人很好，但她不是——唉，我不知道该怎么说。"

"她不是什么？"我追问道。

瑞克苦思冥想该怎么说。"我觉得是时候要认真起来了，可蒂娜，"他一边思索着一边说，"我觉得她不太对。"

"你是说她还没准备好认真对待这段关系？"

瑞克笑了起来："不，不，不，她一直都在认真对待。只是我觉得她不是那个对的人。"

"为什么？"

"问题就在这里，我不知道为什么。"

我们在野餐桌旁继续交谈了一会儿，后来又转到餐厅里接着谈。但我们始终没有得出结论。我不确定瑞克是否会有答案，至少在他意识到无论一个女人有多需要他，都不能完全满足他之前，他可能都不会有答案。

和其他相信第二个谎言的人一样，瑞克将为情所困，直到他建立起坚实的自我价值感和自我完整性。这是一项内在的任务，只能靠他自己。

怎样变得完整

我想人人都保持着自我探索的兴趣，但当你日渐年长，你会发现……你需要创造自我。寻找自我徒劳无功，自我是找不到的，但你可以创造它。

——玛丽·麦卡锡

如果这样说还是不太清楚，我们可以直截了当地说：要实现个人成长和获取自我完整感是没有捷径可走的。如果你还没有建立起自我价值感，却试图通过另一个人来实现自我完整，那么，你最多只能得到一种完整感的幻觉，并且这个幻觉终会消失。

因此你会问，我该怎么做才能变得完整？这是个好问题。如果你是认真的,那意味着你将要放弃童话般的信念——即你找到一个"对的人",就可以让你的生活完美无缺。这也意味着你需要一个"个人成长计划"。本章余下的部分致力于帮助你找到通向自我完整的道路。我们并不自诩可以让每个人找到答案,因为每个人通向自我完整的旅程都是独一无二的。但我们从个人经验和他人的智慧中可以知道,这条路有以下三步:(1)治愈内心的伤痛;(2)摘掉面具;(3)坐在人生驾驶座上。

这三个步骤将带领你走得比你想象的更远。

第一步:治愈内心的伤痛

我(莱斯)从来没觉得自己有任何"伤痛"。我几乎顺利地度过了我的中学时代,甚至在大学里也没有经历多少波折。相比其他人,我没有任何抱怨的权利。但在读研究生的第一年,我遭受了一次意想不到的人际伤害。一个和我很亲近的朋友突然对我改变态度,不再和我来往了。我做了什么?我很疑惑。我回

01　爱不是自我完整的冲动

顾了我们的相处过程，仍然找不到原因。似乎是突然间，他在生活里再也不肯给我分配一丁点儿时间了。直到今天，我仍然不知道为什么会这样。这无疑是痛苦的。

　　我寻求了心理咨询。当我讲述这个故事时，我不知道它会导致什么，结果是它激起了我好多复杂的感受。我信任的心理咨询师让我探索我的成长史，寻找那些我感到被遗弃的瞬间。我不喜欢这个提议，并且很疑惑，这与我朋友的行为有什么关系？事实证明，这与他无关，但与我有关，与我治愈过去所有痛苦的经历有关。

　　起初这个练习显得傻乎乎的。大部分回忆只是再平常不过的童年经历（比如在超市里迷路），当时虽然很害怕，但很快就抛到脑后了。然而，我的心理咨询师指出，出于某种原因，我仍然记得它们。这个自我探索练习的目的就是帮助我承认并接纳我在人际关系中体验到的痛苦，而不是把它们埋藏起来，无论这些痛苦是大是小。这件事很重要。从那时开始，我才意识到被压抑的感受，尤其是痛苦，往往会反复出现。开启自我完整之旅的起点正是伤害过你的地方。

对一些人来说，个人伤痛深入骨髓；而对另一些人来说，它们可能只是些轻微的擦伤。无论你的情况如何，通向自我完整之路的第一步都是"治愈内心的伤痛"，这一步非常关键。然而，请注意，治愈内心的伤痛是一个痛苦的自我探索历程。自我成长总是痛苦的。但无论这个过程有多痛苦，付出的代价都是值得的。这有点像希腊神话中潘多拉的故事。潘多拉的盒子里隐藏着人类试图避免的所有痛苦。当她打开盒子时，所有的痛苦蜂拥而出。

这是我们大多数人都知道的故事，其实这个故事还没讲完。随着那些痛苦逃出盒子暴露在阳光下，潘多拉发现，盒子的底部还有一样东西——希望。对你来说亦是如此。当你打开你的潘多拉之盒时，你可能会看见那些你想要忽略的痛苦，但是当你逐一处理它们时，你就会像潘多拉一样，在盒子的底部找到希望。

人类锻造出了理解世界最伟大的工具——内省。

——沃尔特·李普曼

你可能会好奇,为什么迈向完整的第一步必须从伤痛开始,我当时也很好奇。但后来我知道了,这么做是为了保护你不再在现有的关系中重复过去的痛苦。听起来可能有些奇怪,但事实就是,我们习惯将新的关系当作曾经的伤痛和损失的替代品(例如父母、前男友或前女友)。

某种意义上,每段关系都给了你重来一次的机会,去解决之前未能解决的问题。但是如果你不治愈内心的创伤,你将永远无法解决之前的关系问题,一遍又一遍重复上演过去的痛苦,甚至发展成一种固定模式。这时,你将制造出一个更为严重的问题:**你将不再与眼前真实的人打交道,而只与他们象征的那个人打交道。**换句话说,你生活中交往的新对象实际上不是感情的对象，而是他（她）所象征的一个机会，一个借此解决你的关系问题的机会。

明白了吗？这第一步对你的个人成长至关重要。如果你愿意花时间探索你的个人痛苦，然后摘下你的面具，你将为拥有完整的自我奠定基础，并开始拥有真正的关系。

第二步：摘掉你的面具

"你是我第一个敞开心扉的人。"每位心理咨询师都会时不时听到这样的话，西德尼·朱拉德（Sidney Jourard）在他的著作《透明的自我》(*The Transparent Self*)中对此做出了深入详尽的解释。相比于家人和朋友，病人在与医生交流时显得更加真诚，他对这种现象感到很困惑。经过深入研究，他得出结论：人生来就有一种想被了解的渴望，但我们常常因为恐惧而压抑自己的脆弱。我们害怕被认为过于情绪化或者不够情绪化，过于坚决或者不够坚决。我们害怕被拒绝。

01 爱不是自我完整的冲动

结果呢？我们戴上了面具，树起了防备。我们成了著名心理学家亚伯拉罕·马斯洛（Abraham Maslow）所说的"穿盔甲的水母"，伪装成了"不是自己的我"。思考一下这封信的内容，虽然作者不详，但它其实可以由我们中的任何一个人轻松地写出：

不要被我戴的面具欺骗。我戴的面具有一千张——我害怕摘下它们，它们没有一个是我。

伪装近乎我的本能，但不要被我愚弄。假若你肯为我好，不要被我愚弄。我让人觉得我很可靠，从内到外都阳光明媚、波澜不惊；自信是我的假称，冷静是我的把戏，顺风顺水，尽在掌握；我不需要任何人。但请不要相信。我看起来可能行事圆融，但那只是我的面具，那么善变又那么善隐藏。

这位作者继续坦白道，面具之下没有自鸣得意，只有困惑、恐惧、孤独，一想到被揭开面具就感到纯粹的恐慌。然后是这段尖锐的文字：

你可能会想，我是谁？我是你非常了解的人，我是你遇见的每个男人,也是你遇见的每个女人。我就在你面前。

为什么我们所有人都戴着面具隐藏自己?因为我们在展示自己和保护自己之间徘徊不定。这是一个看似无法解释的悖论,我们既渴望被了解,又渴望保持隐蔽。为什么呢?

一个原因是,我们钦佩那些冷静、沉着和淡定的人。男性尤其如此,他们崇尚克制情感表达的英雄形象,想效仿一种自力更生的坚强的形象。不过,我们戴上面具的主要原因是为了避免被拒绝。我们告诉自己:"如果别人知道了真正的我,他们就不会接纳我了。"因此,我们躲在自己创造的伪装后面。社会学家称之为印象管理(impression management),而我们则称之为痛苦。

如果戴面具的时间够长,我们可能会成功避免被拒绝,甚至可能受人钦佩,但我们将永远不会有自我完整感,这意味着我们永远无法享受真正的亲密关系。当你的言行与内心的真实自我不相符时,当你最深层的身份没有展示给他人时,你就会发展出一种不协调的或碎片化的自我。你的外在与内在不相符。你总是关注着自己给他人的印象，不断地问自己"应该有什么样的反应"，而不是"我现在的感受是什么"，你总是在想别人对你的看法。当你进入一段关系时，你会问自己"我表现得怎么样"，而不是问"他（她）这个人怎么样"。然而，从"关注自己"转向"关注他人"的微妙转变，将使你进入"真实"，这是自我完整的一个基本特征。自我一致的人带着安全感去关注他人的状况，不是因为他们想要显得好，而是因为他们真诚地关心。

难道一个完整的人从不戴面具吗？当然不是。当我们面临被拒绝或受到严厉评价时，我们偶尔需要戴上面具来保全面子。告诉你一个秘密，每一个自我完整的人都了解：大部分情况下，对于大多数人来说，脆弱会引发脆弱。一旦你摘下面具，展现真实的自己，包括你的恐惧、欲望、兴奋，别人也很可能会做同样的事情。让我们如释重负的是：我们知道自己并不孤单。可以说，脆弱是建立人际关系的桥梁。

所以，如果你想实现自我的完整，那你要有勇气放下戒备，摘掉面具，展示真实的自己。你将要冒着被拒绝的风险，忠于自己。

第三步：坐在人生驾驶座上

被动的生活是很容易的，只需对外来的力量作出反应。就像颠簸的公交车上的乘客一样，我们看着窗外的风景匆匆而过，正如发生在我们生活中的一幕幕情景。我们上车、入座，让命运决定我们的终点。有人说，我们为圣诞节做的计划都比我们为生活做的规划多。

当谈到实现自我完整、建立坚实的自我认同、找到自我价值时，我们希望灵光乍现。就像魔法一样，我们希望得到智慧的启迪，或者经历一种特别的体验来改变我们。问题是，你无法通过读书、听讲座或者去见心理治疗师来得到自我价值感。自我价值是通过努力赢得的。它来自你梦想着有所改变，并通过付出来实现这个梦想。自我完整感是由你的努力铸造的。仅仅在人生的车上当一个乘客，你永远无法实现它；

你必须坐在驾驶座上。萧伯纳在他的剧作《凡人与超人》的第三幕"地狱中的唐璜"（*Don Juan in Hell*）中精辟地总结说："地狱就是随波逐流，天堂就是自己掌舵。"

承担起自己命运的责任，你将建立起你的关系类型。没有发展出自我完整感和责任心的人，人际关系会糟得要命。他们更像是乞求者而不是选择者。想想约会游戏吧，似乎某些动物都比人类更懂得处理彼此关系。比如，雌企鹅选择伴侣时，知道最好不要爱上第一个凑上来大叫着献殷勤的家伙。她会等待最适合的求偶者。亚洲丛林里生活的原鸡也同样挑剔。雌蝎蛉也是如此。但是人类似乎很少投入精力来做人际关系的选择。为什么呢？因为我们缺乏主动性、意图和明确的目标。

如果你希望所有的关系都能健康发展，你必须先认同自己、制定目标，有勇气言必行，行必果。一旦你以主动的姿态改善自己的生活质量，其他人就是你生活的分享者，而不是为你的成长负责。

然而，如果你真的想书写自己的命运，则需要一些工具。首先，你需要制定个人使命宣言和一组有意义的小目标。你的宣言将确定你的方向，而一组目标将成为你自我成长的路线图。

一些最先进的公司每隔几年就"重新审视"他们的使命宣言，以此评估公司的绩效。这些公司会定期审视业务目标与使命宣言是否保持一致，是否需要重新调整这些目标，或者是否需要重新撰写宣言以适应当前的现状。作为个体，我们也需要做同样的事情。个人使命宣言能够让我们保持在正确的人生轨道上。那么，如何撰写个人使命宣言呢？你需要尽可能诚实地回答自己以下问题："你真正想从生活中获得什么？"或者更重要的是："我来到世上，是要做什么？"一旦确定了这一点，你就可以制定一系列具体的目标，以实现自己的宣言。

然而，如果你没有坚持不懈地去实现它们，那么这一切也毫无意义。因此，你不仅要真正认真地为自己的人生负责，你还需要掌握延迟满足的技能。心理分析师亚伦·斯特恩（Asron Stern）在他引人入胜的著作《我：自恋的美国人》（*Me: The Narcissistic American*）中，直截了当地指出："为了实现情感成熟（emotional maturity），我们每个人都必须学会发展……能够为了长期目标而延迟满足的能力。"

你熟悉棉花糖实验吗？在 20 世纪 60 年代，斯坦福大学的沃尔特·米歇尔（Walter Mischel）进行了一个实验，他向 4 岁的孩子们提出："如果你们能等到我办完事回来，就可以得到两个棉花糖作为奖励。如果你们等不及，就只能得到一个——但你们可以马上就得到这一个。"这对于任何孩子来说都是一项耐心的考验。令人惊讶的是，有些孩子能够等待似乎漫长得没有尽头的 15-20 分钟，一直到实验者返回。为了分散注意力，这些孩子会捂住眼睛、唱歌、玩游戏，甚至试图睡觉。正如承诺的那样，这些有毅力的孩子获得了两个棉花糖的奖励。然而，那些无法控制自己即时满足冲动的孩子，在实验者离开房间后很快就拿起唯一一个棉花糖吃了。

实验中透露的信息比你想象的更多。它不仅仅揭示了孩子们的品格，还展示了对他们生活轨迹的预测。研究发现，几年后，当这些孩子高中毕业时，那些只拿到一个棉花糖的孩子有更多麻烦，个人品质方面也有更多问题。在青春期，他们更容易害羞、犹豫不决、发怒、紧张、怨恨和嫉妒。另一面，那些 4

岁时抵制住诱惑的孩子，在青少年时期的社交能力更强，更能接受挑战而不放弃，更能应对生活的挫折。他们更加自信、可靠。总之，他们正在实现自己的人生目标。

我们喜欢斯科特·派克（Scott Peck）对延迟满足的定义。他说，延迟满足是一种"将生活的痛苦和快乐安排在一起，通过先解决痛苦来增强快乐的过程。"有些人在童年时期就学会了安排痛苦和快乐；其他人则可能成年后才学会。早晚并不重要。关键是，如果你要实现自我的完整感，你必须设定目标；如果你要实现这一系列目标，你必须延缓即时满足的冲动。这对于塑造自己的命运至关重要。

练习 2：塑造你的命运

撰写个人使命宣言，逐步引导自己发现目标，这并不像你想象得那样困难。

这个练习将花费大约 15 分钟或更长时间。它旨在帮助你建立个人目标，并制订计划。

首先，花一些时间确定你重视的东西。这可能很困难，但尽量要求自己用心思考，对以下 12 个价值观进行排序（1= 对你最重要，12= 对你最不重要）。

___ 成就：对工作成绩感到满意
___ 挑战：运用你的创造力、经验和智慧面对挑战
___ 教育：提高对人生的知性理解
___ 审美：欣赏人、艺术或自然的美
___ 健康：在身体和精神上感觉良好
___ 独立：有做自己想做的事的自由

___ 道德：保持你的道德伦理标准

___ 快乐：有时间玩乐和享受生活

___ 关系：关心那些与你亲近的人，与他们分享

___ 安全：感到安全，免于意外和不愉快的变化

___ 服务：知道自己帮助了他人

___ 财富：改善你的经济状况

考虑如何将最重要的三到四个价值观融入到你的个人使命宣言中。当下建立的个人目标并不是永久性的，目标会随着你的人生而变化。只需草拟一个对你当前的状况来说合适的、发自内心的、有吸引力的个人目标即可。

我的目标是……

拆解为一些具体可行的小目标，逐步实现吧。

短期目标（在接下来的三到四个月内可实现）：
1.

2.

3.

长期目标（在一年或更长时间内可实现）：

为了未来有一天享受实现个人目标的好处，你需要以什么具体方式延迟满足？

思　考

1. 对于"只有当我们不再强迫性地需要那个人时，我们才能与他建立真正的关系"这一观点，你有什么看法？你同意还是不同意？为什么？

2. 在本章讨论的两个内心谎言中，你更经常遇到哪一个？（1）我需要这个人来变得完整；(2) 如果这个人需要我，我就会变得完整。

3. 你愿意真诚地向他人表露自己，并让别人了解你吗？你有哪些社交面具来保护你免受伤害？你何时会戴上它们？

4. 在 1-10 的评分中，你会给自己延迟满足的能力打几分？如果你做得不错，你的诀窍是什么？如果你正在努力改进，你该如何提高？

02

原生家庭不完美，不等于不健康

你以为远走高飞就能永远摆脱家的羁绊，但它会一直牵绊着你，直到你回头看见它。

——彼得·科利尔

我（莱斯莉）永远不会忘记我上幼儿园时，我妈妈以为我失踪的那一天。这一天早上和以往的任何一天并无分别，只是我下午要一个人独自回家。当妈妈帮我穿衣服时，我郑重其事地构思了一个回家计划：放学后，我要自己走路回家，进入后院，在那里玩到妈妈回家。一般情况下，当我放学回来的时候，妈妈早就到家了。但那天她和爸爸都有无法推掉的事情，所以那天下午她让我独自在家里待一段时间。

我一边在幼儿园熬过漫长的一天，一边在脑海里反复排练这个计划。放学铃一响，我立刻收拾东西，想按照妈妈的指示尽快到家，免得她不高兴。但就在我快要走到家的时候，在我家前面的人行道上，邻居麦吉太太跑了过来。"莱斯莉，"她说，"你爸爸刚刚打电话过来，让你到我们家来，等他回来接你。"于是，我跟着麦吉太太走进她家的厨房，开始一起烤小饼干。

当第一炉小饼干冷却时，我们听到了刺耳的警笛声，我们都跑向窗户。警车就停在我家门口的车道上，妈妈疯狂地挥舞着我的照片，一边哭一边和一名警察交谈。就在这时，我爸爸的车也呼啸着驶进了车道。我急忙跑出去找我妈妈，爸爸跟妈妈解释说我很安全，他已经安排我和麦吉太太一起在她们家待着了。

"你为什么不提前告诉我呢？"妈妈对着爸爸大喊大叫。她粗暴地把我抱起来，并且让我被迫参与了一场她和爸爸的争执，这是我整个童年经历过的最糟糕的一件事。我能做的就是无助地站在一旁——因为我清楚地知道我是他们争吵的原因。这是我人生前五年最可怕的时刻。

谁会觉得这样一个早期事件竟然会产生持久的影响呢？但事实上，它的影响目前仍然存在。我第一次意识到它的影响，是在我结婚后的第二年。当时，我去洛杉矶国际机场接莱斯，这是我从未做过的事情。但当我到达约定的地点时，莱斯却不见人影。**我惊慌失措**。我想我一定是搞错了见面地点。他肯定对我很生气。他肯定清楚我们要在哪儿见面。我觉得自己就像个白痴。消极的、焦虑的想法一股脑涌上来。我通常是一个随和的人，能以柔克刚，但当时我感觉快要崩溃了。

几分钟后，莱斯微笑着出现了，好像什么都没发生过。

"你到哪儿去了?"我问道。

"哦,我以为我们要在楼下那一层见面呢。"他解释说。

"好吧,反正我以后再也不来接你了!"

"出什么问题了吗?"莱斯睁大眼睛,十分困惑。

我无法回答,因为我也不知道。当我们默默地走出机场时,我流下了眼泪。

这已经不是我第一次出现这种令人费解的焦虑了,但这是我第一次看到这种情绪与我五岁时的经历相关。那天,当我们从机场开车回家时,莱斯耐心而富有同情心地帮助我解开了情绪上的困扰。(毕竟,他那时正想成为一名心理学家!)我们谈到了其他时候的一些沟通偏差,导致了令人痛苦的误解。而当我们谈到我"第一次"经历这种强烈的焦虑时,我豁然开朗。二十多年来,一直有一根看不见的绳子,将我当下的感觉与从前的自己绑在一起,我像个木偶一样被过去的经历牵动着。我五岁时所看到的父母之间的误解早已经解除了,但那次经历给我留下了如此强烈的印记,遇到类似的情况就会引发我不必要的负面情绪，对我造成冲击。这种现象就是心理学家所说的"情感包袱"（emotional baggage），无论我们的家庭多么健康，我们都有这种包袱。

> 如果有谁说人生不可避免之事是死亡和税收，那他一定是忘了第三件事：家庭。
>
> ——威廉·窦赫堤

为什么会这样呢？因为没有任何关系比我们的家庭更能塑造我们。我们的想法、感觉、所言所行，都是对我们成长的家庭的一种回应。在意识层面上，我们要么接受，要么拒绝从家庭中学到的东西。而在潜意识层面上，我们潜移默化地吸收了家庭中的思维方式、感受方式和存在的方式。不管怎样，我们都无法逃脱这些影响。从我们选择的职业到我们结婚的对象，再到我们秉持的价值观，日常生活中每一个方面都可能受到家庭的影响——不管我们是否能够清楚地觉察到。

我们的家庭就像一所学校，我们在那里学习技能和知识，有一天能够用它们支持我们家庭之外的生活。我们的家庭会教导我们要信任或不信任我们周围的人，要在社会环境中发声或沉默，要给予或接受。家庭告诉我们什么样的感觉是可接纳的、适当的、可容忍的。"正是在家庭中，"西奥多·利兹（Theodor Lidz）说，"情绪反应的模式和人际关系的模式逐步建立，未来出现的关系将会依照这些模式。"你是否敏锐地觉察到了呢？我们的家庭为其他所有关系设定了某种模式。

因此，在本章中，你将理解你在家里学到的经验教训，包括有意识的和无意识的，以及这些是否会对与他人相处有用。当我理解了我莫名的焦虑时刻与我五岁时的沟通误解有关后，我就能够很顺利地克制我的非理性恐慌，防止它蔓延，因为这破坏了我的人际关系。你也可以尝试着这么做。接下来，我们首先简要探讨你的家庭如何让你习得了建立关系的模式,不论是好的还是坏的。之后,我们聚焦于家庭通过什么方式教给了你这些模式,以及你如何充分利用它们。在结束这一章时,我们还会向在离异家庭长大的读者明确一些特别重要的信息。

原生家庭的力量

我们每个人都是从家庭中开始成长的。也许你的家庭很普通也很典型,有两到三个孩子,父亲和母亲。也可能你是由哥哥姐姐或祖父母抚养长大的。也许你已经有二十年没见过你父亲了,也许你的母亲单独抚养你长大,抑或是你成长于一个包含继兄弟姐妹的重组家庭。无论你的家庭模式是什么样的,从你出生第一天起,家庭就不可避免地在你身上留下了强烈的印记。从字面意思来说,我们对关系模式的学习开始于生命的早期阶段,并贯穿整个童年时期。

让我们想象一个凌晨3点醒来的女婴吧,她的母亲听到她在走廊尽头的卧室里哭,便进来温柔地安慰和照顾她。母亲把婴儿抱在怀里，轻轻地来回摇晃，深情地注视着婴儿的眼睛。她告诉宝宝她很高兴见到她，即使是在半夜，然后哼了一首甜美的摇篮曲。满足于母亲的爱，婴儿很快又睡着了。

现在再让我们想象一下，另一个也在凌晨醒来哭泣的新生儿，而这个婴儿遇到的是一个紧张而疲惫的母亲。她和丈夫在晚餐时产生了一些分歧，并在睡觉前演变成了一场争吵。这时，母亲刚把婴儿从婴儿床上抱起来，婴儿就开始紧张。"来吧，孩子，让我们结束这一切吧。"她恼怒地说。当这位母亲照顾婴儿时，她眼神冷漠地盯着前方，思考着与丈夫的对话，并在与婴儿说话时，把对丈夫的抱怨也夹杂着说了出来。婴儿感觉到了紧张，所以扭动着，身体变得僵硬，结果这些行为让母亲停止了哺乳。"你也想让我生气吗？"母亲尖锐地说，然后猛地把婴儿放回婴儿床上，慢慢地走了出去。婴儿就在哭泣中独自睡着。

家族树下的阴影延绵深长,令人惊异。

——麦琪·斯卡夫

上述两种情况是临床报告中亲子互动的典型案例,如果这样的亲子关系反复出现,就会给孩子的人际关系灌输截然不同的应对模式。第一个婴儿会认为他人是值得信任和能够提供帮助的,并且确信自己能有效地得到帮助。而第二个婴儿会认为,没有人真正地关心别人,他不能求助于其他任何人,并且寻求帮助的努力通常会失败。在某种程度上,上述案例体现出来的是父母多年来如何对待孩子的两种典型方式。当然,大多数婴儿都会混合着经历这两种互动方式。

我们最近被邀请到一对夫妇的家中,他们刚刚为他们5岁的儿子韦斯利买了一款全新的电子游戏。晚饭后,我们坐在他们家的客厅里,他们向我们展示这款电子游戏是如何操作的。然而，我们接下来看到的更多的是他们的家庭模式，而不是他们的新玩具。

韦斯利开始尝试着操作，而他的父母几乎立即表现出过于急切地想要"帮助"他。"没那么快，亲爱的。往右，再往右！"他的母亲大声喊道。她的催促如此专注和焦虑，韦斯利睁大了眼睛，盯着屏幕，试图听从她的指示。

"你必须把它们排成一排，孩子，"他的父亲插话说，"你要把它们排好，不然你操作不好，而且你必须随时准备好射击。"他从韦斯利手中抢过手柄，又突然松开了，他把手背在背后，好像在说"我不会干涉"。

与此同时，韦斯利的母亲沮丧地翻了个白眼。"现在，你必须把它移到左边。你做得不对……停，停，停！"

韦斯利咬了咬下唇，把手柄交给了他父亲。这时候，两个大人开始争论如何打游戏，而此时，韦斯利的眼睛里已经噙满了泪水。

他们摆弄了一阵这个游戏，直到父亲放弃并把手柄交给了他的妻子。"给你,你来操作吧。"他说,"哎,韦斯利去哪儿了?"

这些都是个体在家庭中吸取深刻教训的时刻。这些家长并非故意为之,但教训依然在发生。那么韦斯利在这个过程中学到了什么呢?最有可能的是,他认为自己不能独立做事,他觉得很难取悦别人,并且认为他自己的感受并不重要。那么所有这些感觉都仅仅来自源玩电子游戏的单一事件吗?不完全是。如果类似的时刻在他的童年过程中一次又一次地重复出现(父母经常表现得傲慢,大声表达恼怒,对他失去耐心),就会向韦斯利发出清晰而持久的信息。

值得注意的是,在你和家人之间,即使是最细微的交流,都包含了情感的潜台词。而如果不注意检查这些信息,它们的影响将会持续一生,并塑造着你努力培养的每一段关系。我们接下来会帮助你发现你从原生家庭中习得的潜意识里的教训。

练习 3：你的家庭关系有多健康？

每个家庭都有不同的情感氛围，也有不同的关系模式。没有哪个家庭是完美的，但有一些家庭更和谐、更能发挥良好的功能。这个练习将帮助你评估你的家庭功能，从而确定你要成长的领域。

多洛雷斯·库兰（Dolores Curran）在她的《健康家庭的特质》（Traits of a Healthy Family）中揭示了一项研究结果，列出了健康家庭的若干个主要理想特质。

请用以下评分标准，就这些理想特质在你家庭中的表现程度进行评分。这个练习大约需要 10 分钟。

4 经常

3 有时

2 很少

1 几乎从不

___ 进行沟通并互相倾听

___ 彼此肯定和支持

___ 懂得如何尊重他人

___ 发展信任感

___ 轻松幽默

___ 共同的责任感

___ 懂得判断是非

___ 有强烈的家庭观念,有丰富的家庭仪式和家庭传统

___ 家庭成员之间有多向的、平衡的互动

___ 尊重彼此的隐私

___ 珍视为家人服务的价值

___ 习惯于共同进餐和聊天

___ 共享闲暇时光

___ 坦诚地求助

_____ **总分**

评分:将每道题的分数加起来,总分为 60 分。你的得分解释如下:

50—60：感恩吧。你在一个有爱的家庭中长大，家庭功能没有失调。父母花时间培养你，营造了积极、关爱的家庭氛围。这为你未来建立各种人际关系打下了良好的基础。

30—49：你的家庭健康状况处于中等水平。你的家庭可能不完全是你所期望的样子，但也没有糟糕到无可救药的地步。家庭成员间的关系可能有一些紧张和疏离。你是如何参与其中的？又可以做什么来改善这些关系呢？

1—29：你的家庭冲突可能较为严重。也许你在家中经历了很多紧张、对立的场面。你处理人际关系时可能会感到有一些挑战，但通过学习人际关系技巧是可以克服的。

家庭带给你的 3 个 "R"

如果每个家庭教给个体的内容都像锁在旧阁楼箱子里的一本日记，那就太方便了。我们会整理这本卷角的日记，梳理家庭教给孩子的人生课程，回顾我们的父母是怎样有意和无意教给我们的。我们会仔细阅读这本日记里的个人记录，从中发现自己无意识习得的内容，比如，"我们在这个家里不会谈论的感受""我们避免争论的方式""我们如何表达亲密""推卸责任"等。

可惜，要发现你从家人那里学到了什么经验教训并不那么容易。一般来说，你会从家庭中学到 3 个 "R"：**（1）家庭规则（Rules）：他们教给你的规则；（2）家庭角色（Roles）：他们要求你扮演的角色；（3）家庭关系（Relationships）：家庭成员建立的关系模式。**

第一个 R：家庭规则（Rules）

每个家庭都有一套自己独特的规则。虽然家里可能有一些明确的规则，但更多的规则是不言而喻的，在每个家庭成员的潜意识中运作。例如,没有人会说,"永远不要向任何人求助",但这个规则是借由微妙的态度而无意识地形成和表达出来的,可以称之为"潜规则"。例如,听到家人在谈论约翰叔叔是多么勇敢,或者别人是多么愚蠢等等故事,这种对他人的评价会潜移默化地告诉你,你也应该这样做或者不应该这样做。

家庭规则通过描述"应该做什么"和"应该如何表现得体",来无意识地引导家庭成员,即使这种规则可能违背了一个人的真实愿望。

朱莉是一个聪明、热情的女人,她正在和史蒂夫交往。史蒂夫的目标是成为一名演员,他在高二时退学,并在一些当地的影视作品中演了几个角色,但现在他正在做兼职服务员,努力维持生计。朱莉和史蒂夫已经约会十几次了,并且他们的关系越来越认真。朱莉喜欢史蒂夫的机智和无忧无虑的精神。但圣诞节将近,他们在讨论假期计划时,朱莉发现自己在没有经过深思熟虑,似乎也不是出于自己本意的情况下,脱口而出:"我认为我们不应该继续见面了。"这种想法和话语不知道从哪里冒出来，她就这样放弃了这段关系。史蒂夫很困惑。其实她也和史蒂夫一样困惑，但她坚持自己的决定。后续她也没有做出任何解释，而这句突然冒出的话促成了两人分手。

假期结束后，朱莉来到我们的办公室咨询，她感到心碎、沮丧和困惑。她讲述了自己的故事，并承认："我其实并不知道我为什么要这么做。他是个很好的人，但现在他可能觉得我是个疯子。"

我们越深聊就越明显地发现，朱莉真的不想和史蒂夫分手，但不管出于什么原因，她觉得有必要这么做。这已经不是她第一次无缘无故地与某人分手了。于是，我们就从她第一次分手时开始，一起探索她的家族史。

在我们的交谈中，我（莱斯莉）问了一个探索性的问题："朱莉，在你的家人和朋友圈子里，有谁特别关注你的恋爱情况？"

"你问的这个问题很有趣，"朱莉说，"我父亲从没表示过对我的约会对象感兴趣，但我认为他是最关注的。其实，我非常害怕他会不同意。"

当我们继续探索她的家庭背景时，很自然地发现，家庭规则是朱莉决定与史蒂夫分手的根源。她的父亲是个纪律严明、态度强硬的医生，一个惯用铁腕的人。他很善良，但很矜持，很少表现出亲密、脆弱或温暖的一面。在家庭中的一系列体验让朱莉学会的第一条家庭规则就是："永远不要违抗你的父亲，一定要努力取悦他。"紧随其后的第二条规则是："无论你在生活中从事什么样的工作，都必须要接受良好的教育。"这些规则可能在外人看来是很明显的，但它们对朱莉来说是一种意外发现。突然间，她明白了自己为什么被史蒂夫吸引，但同时又不希望这种关系发展得太深。她在和她的父亲互相试探彼此的界限。作为一个年轻的成年人，她觉得自己有必要取悦父亲，但她也想做自己。一旦朱莉提高了对自己所遵循的家庭"潜规则"的觉察——她的家庭在不知不觉地将这些规则强加和灌输给她——她就更能觉察到这些规则的存在，并且有意识地决定她的生活和她的人际关系。就这样，朱莉向史蒂夫解释了她的想法，然后他们又重新开始约会了。

你呢？你的家庭遵循什么"潜规则"？以下是我

们常常听到的一些例子：

- 不要向他人透露你的真实感受。
- 不要隐藏你的情绪。
- 清楚地传达你的观点。
- 不要扯着嗓子嚷嚷。
- 吵架一定要赢。
- 尽量谦让和妥协。
- 别人只有通过考验，才能赢得你的信任。
- 永远不要让人注意到你。
- 让人知道你的成就。
- 要面带笑容。
- 保持真诚。

第二个 R：家庭角色（Roles）

杰夫是一名二十多岁的大学毕业生，有一天突然到访了我们的办公室。几年前他是我（莱斯莉）的学生，我知道他总是有些轻浮爱玩。

"嘿！"当他出现在办公室门口时，我说，"今天的笑话是什么？"

"今天不开玩笑了。"

我们开始有一搭没一搭地聊天，我发现杰夫跟之前有明显的不同。没过多久，他的眼睛里开始涌出泪水。之后他垂下目光，我们静静地坐了几秒钟。杰夫深深地叹了口气，透露他的哥哥——一个做出了一番事业的人——最近死于一场车祸。突然间，一直满足于在一家户外装备供应商做销售员的幸运的杰夫，感到"长子和独子"的重担落在了他的肩上。现在杰夫在家里的角色变了，他未来的一切都不一样了。

出生顺序以及兄弟姐妹间的互动是塑造一个人家庭角色的重要因素。我们的行为与我们的家庭排行有很大关系：我们是最年长的还是最年轻的，是男性还是女性，等等。关键是，我们在家庭中扮演的角色遵循着一套不言而喻的规则，往往发展成终身的行为模式，影响着其他人际关系。

在哥哥去世之前，杰夫在家里的角色是一个贪玩的、无忧无虑的老小。但哥哥的去世重新定义了杰夫在家庭中的角色，并且造成了他的身份认同危机。突然间，杰夫眼中的生活全变了。他的事业、他推迟的婚姻，以及他的梦想，都改变了，因为他在家庭中的角色发生了变化。他现在感觉要负更多责任了。

你有没有考虑过自己成长过程中在家庭中所扮演了怎样的角色？考虑以下角色，可以帮助你更准确地定位自己。哪一种角色的描述最接近你和家人的关系？

- 问题解决者：随时准备处理问题。
- 受害者：从别人那里得到同情。
- 拯救者：为了他人安危而卷入各种麻烦中。
- 喜剧演员：随时准备讲笑话博人一乐。
- 调解员：作为他人之间的桥梁。
- 正面交锋：面对现实，指明现状。
- 治愈者：负责治疗情感创伤。
- 保密者：坚守秘密，保证安全。

也许某种角色不在这个列表上，但能更好地描述你。你会发现，识别其他家庭成员的角色是十分有益的，这将帮助你更清楚地定义你自己的角色。所以，可以重新审视这个列表，试着确定你的每个家庭成员都扮演了什么角色。确定自己在家庭中的角色后，如果你愿意，你将更有能力实现它；或者如果需要，你也可以塑造出一个更健康的家庭关系模式。

第三个 R：家庭关系模式（Relationships）

"上行下效"是必然存在于家庭中的，谁也无法避免。我们会通过观察其他家庭成员学习如何感受、如何思考、如何行动。我们习得的人际关系技巧会促进或阻碍我们成年后的人际关系。我们来看看下面的 3 个案例：

罗恩的母亲在罗恩 12 岁时中风了，她十分虚弱，甚至都不能自己穿衣服。罗恩看着他的父亲在情感上和行为上支持和帮助母亲。

15 岁的贝瑟妮和 10 岁的布雷特生活在一个父母

都不善于表达自己情感的家庭。除了一个短暂的晚安吻之外，父母和孩子之间几乎没有任何亲密接触。

安东尼成长在一个情绪化的家庭里，每个人都有权生气、大喊大叫、互相指责。没有人真正倾听或试图理解这些爆发的情绪，这只是他家人"宣泄"的方式。

你认为罗恩、贝瑟妮、布雷特和安东尼会沿用他们家庭的行为模式吗？我们每个人都是在一个有特定关系模式的家庭里长大的。我们吸收了家庭中表达爱和愤怒的方式、倾诉和倾听的方式、压抑或解决冲突的方式。简言之，我们吸收了自己家庭的互动方式。

我（莱斯）很幸运地出生在一个充满爱的家庭中，收到了很多的关心和肯定。我和两个哥哥相处得很好，我们知道爸爸妈妈彼此相爱。但在我的成长过程中，我很少看到父母在公共场合表达太多的感情。在家里，他们可能会不时地亲吻、拥抱或牵手，但绝不会在公共场合这样做。

我从来没有想过这有什么问题，直到有一天，莱斯莉和我在大学里约会。我们在食堂排队取餐，她吻了我。不是在脸颊上轻轻一亲，而是在嘴上深深一吻——在周围全都是人的时候！我简直不敢相信。我的脸一下就红了，感觉特别害羞，但我当时什么也没说，我只是紧张地笑了起来，心想为什么打饭的队伍不能走快点。

在公共场合接吻不符合我（莱斯）的行为规范，这不在我家的"课程表"里。因此，莱斯莉和我花了一段时间来磨合这个问题。信不信由你，经过这么多年的婚姻生活，我仍然不太喜欢在公共场合接吻。这很大程度上是因为父母在我成长的过程中没有给过我这样的示范。"事实上，"英国 18 世纪的政治家切斯特菲尔德伯爵写道，"我们半数以上的行为都是在模仿。"

思考一下，你从家庭中学到了哪些关于人际关系的知识？在表达感情或解决冲突方面，你学到了什么？

练习 4：从父母那里学到的经验教训

有句古语说："榜样胜过戒律。"无论父母表现有多好，从原生家庭中，你都亲身吸收了有缺陷的和有益的互动方式。试着通过练习找出这些你可能认为是理所当然的行为方式。

回想父母在下面这些人际关系问题上的表现，并打分。评分为 1—10（1= 不符合，10= 非常符合），然后简要描述在这些方面，父母究竟有怎样的表现。这个练习大约需要 10—15 分钟。

	母亲	父亲
谈论他们的经历		
表明他们的感受		
挺身而出		
做一个好的倾听者		
理解他人的观点		
管理愤怒情绪		

续表

	母亲	父亲
承担（不推卸）责任		
努力找到公平的解决方案		

你也可能被骗了

本章的目标是提高你的觉察，你会觉察到你的家庭如何强烈地塑造了你的关系模式：即家庭默认的规则、你承担的家庭角色、家庭内部建立的关系模式。有一种学派认为"觉察是有治愈效果的"。虽然这句话在很多情况下可能是正确的，但仅仅觉察到你的家庭关系并不意味着你能超越它们。将许多潜意识层面的东西提升到意识层面，不仅会产生正向影响，也可能会产生潜在的副作用，我们不能忽略这些可能的副作用。主要的副作用有以下两种。

第一个潜在的副作用是，你只觉醒了一半。也就是说，你看到了你的原生家庭在你的生活中留下的印记，然后就这样留下它。我们担心你可能会产生一种无助的感觉，会妥协于你的原生家庭带来的影响，让它继续左右你的未来，并且认为你对此无能为力。就像一个老笑话说的，农民看到一个骑手骑着马疾驰而过，喊道："嘿，你要去哪里？"骑手转过身来，大声喊道："别问我，问我的马。"

你不能像一个骑着脱缰之马的骑手一样。即使你感到失去了对生活的控制，你也需要努力地驾驭自己的命运。你不是无助的和无能为力的。你不仅仅是你成长经历的产物。从现在开始，你将成为什么样的人，是你需要坚持不懈去求索的问题，而不是简单地依照着父母教导你要成为的样子生活下去。

另一个潜在的副作用比第一个更糟糕，是你可能会责怪家人教给你这个，或没有教你那个。我们看到这种情况出现得太多了。现在我们要告诉你，**你可能被骗了**。因为你的家庭生活其实可能已经很好了。如果你遭受过身体或情感上的虐待，我们甚至无法想象你受到的伤害和痛苦有多深，我们永远不会轻易地把它撇在一边。然而，无论你有什么样的家庭背景，长期的怨恨和指责只会进一步强化你想要逃避的负面影响。所以不要玩指责游戏。你极有可能被"指责"这个坏家伙挡住去路。

无论你的原生家庭是幸福还是可怕，正常或不正常，它是你所有其他关系的起点。如果你的家庭是健康的，珍惜你的福气，并向父母致敬；如果你的家庭存在问题，那么请你振作起来，为自己创造一个未来，不要让多余的行囊拖累你。尽你所能，把那些不好的行李都抛在后面。

最后,我们还要讨论一个问题:父母离婚将如何影响孩子的人际关系。

如果父母离婚了

每年,数以百万计的孩子会经历父母离婚。就像高中毕业或考到驾照一样,父母离婚差不多已经成为许多美国青少年的"成人礼"。有研究表示,如果目前的离婚率继续发展下去,有 40% 的孩子将在 18 岁时看到父母离婚。

如果你碰巧是这些孩子中的一员,当父母离婚的问题降临到你家时,无论这些统计数据告诉你这种情况多么普遍,似乎都不会对你起到什么太大的安慰作用。我(莱斯莉)的父母几年前也离婚了,而我到现在仍然很难平静地接受。在他们的关系迂回变化的过程中,我清楚地感到我对自己的婚恋关系产生了不同的想法。就像我的基因被重新排列组合了一样,因为父母离婚,我感到自己的婚姻未来也会无法继续下去。

研究发现，离异家庭中长大的人的离婚率高于在双亲家庭中长大的人。这是什么原因呢？专家指出，父母离婚为子女遗留了许多问题，直到子女成年后，他们与父母之间仍存在这些未被深讨的问题，这些问题会影响他们自己的关系模式。考虑到这一点，我们觉得有义务分享一些想法，或许可以帮助你解决父母婚姻破裂的遗留问题。

实际上，我们只有一个建议，然后还有三个你可能想要避免的风险。建议如下。

请放心，你不是必然要重复与父母类似的经历，你的基因不会真的因为你的父母离婚而重新排列组合。然而，为了克服这种情况造成的痛苦，你需要坦诚地接受他们离婚对你造成的影响。最好的方法是和父母一起坐下来，以成年人的姿态平等地进行对话，让他们解释为什么会离婚。要明白，现在不是你去判断、纠正或主观反对他们所陈述的故事的时候，你只是通过聆听他们说的每一句话来收集信息。如果你觉得自己想要纠正其中的任何一方或挑战他们的观点，请先不要这样做。你可以把这部分想法记在脑海里，事后跟你的朋友或心理咨询师分享和探讨。你当前要做的只是听父母讲述他们的故事。一旦你从父母双方的角度理解了他们离婚的原委,你就会更清楚地看到导致他们离婚的破坏性的相处模式,从而防止同样的情况发生在你身上。

当然,这种谈话必然是需要一些克制、耐性和勇气的。这个过程可能会带给你痛苦,但会使你和未来想要维持的亲密关系更牢固。这是值得的。

基于上述的这个建议,接下来我们会指出离异家庭的孩子常见的三个潜在风险因素。它们可能会破坏你未来的亲密关系。

首先,要有意识地发现尚未解决的愤怒情绪。你可能会觉得这个问题已经过去了,你已经为失去你完整的家庭而悲伤,并且表达了你的愤怒。这有可能是真的。但如果你觉得自己曾经对某件微不足道的小事或某个不值得你生气的人生气,那么,也许应该重新评估一下你是如何管理这种情绪的。当你的家庭生活产生严重问题甚至破裂时,你就应该感到愤怒。不是不允许愤怒产生,只是你要特别小心,防止它操纵你和你的亲密关系。

其次，要小心自己总是下意识地避免冲突。 看到父母离婚后，你不由自主地想要逃避冲突，这是很正常的。例如，你可能会发现自己会想要压抑不愉快的感觉或念头，因为你不想面对可能出现的不愉快的后果。显然，这并不是明智之举。真实的、令人愉快的人际关系需要坦诚以待。时不时地经历分歧或冲突，并不意味着你注定要陷入艰难的亲密关系。恰恰相反，直面问题并顺利解决冲突的过程，实际上可以加深你与某人的亲密感。所以，不要尝试避免冲突，要努力提升关系里的真实性，表达自己的真实想法。

最后，要提防自己的自信心受挫。 在经历父母离婚的过程中，你的自我形象受到一些打击是很自然的。甚至有一部分人会因此而患上严重的抑郁症。即使是一个成年人，由于父母离婚所造成的痛苦也依然可能残留在心里。你也知道这不是你的错：父母是因为在一起不幸福而离婚，这不是孩子导致的，但你仍会感到被污名化了，或者感到自身有缺陷，甚至觉得自己毫无价值，因为你的家庭是破碎的。有这种想法是很正常的，但你必须要保持警惕，不要让非理性的想法重新占据你的大脑，不要低估你自己存在的价值。

过去并不能完全地决定现在或未来。研究证实，那些在离异家庭长大的孩子也可以建立健康、幸福和牢固的关系。这是毫无疑问的。你要做的就是面对你的痛苦。管理自己的愤怒情绪、不要刻意避免冲突、提防自信心受挫，这三件事就像一份保险单，提醒你不要重复自己最害怕的关系模式。

思　考

1. 你的原生家庭以哪种特定的方式塑造了你的个性、你的职业选择、你的人际关系和你的价值观？

2. 你的家庭现在仍然会以哪种特定的方式"牵动你的神经"？换句话说，你早期的家庭模式是如何影响你现在的人际关系的？这种影响有哪些表现？

3. 家庭的 3 个 "R" —— 规则、角色和关系模式——塑造着我们，你认为哪个对你影响最大？为什么？你能想出一个例子来说明吗？

第二部分.

与朋友

03

朋友往往是阶段性的

珍视友情会非常幸福,可惜少有人知道这个道理。

——约瑟夫·艾迪生

03　朋友往往是阶段性的

我（莱斯莉）从来没有想过，我会拥有一段从幼儿园开始的长达 30 年的友谊。当一个陌生女孩出现在门口时，我正在科尔斯基太太的膝边爬来爬去。从老照片中，我看到她的头发梳成两根马尾辫，卷发垂落在她的肩上。那是我们第一次见面，当时，我只注意到她那双明亮的洋红色玛丽珍鞋——一双漂亮的鞋，和我的鞋一模一样。那双鞋是我有史以来最喜欢的生日礼物。

两个穿着洋红色鞋子的女孩为我们一致的审美而尖叫。我找到了一个志趣相投的伙伴！就这样，劳拉成了我童年时最好的朋友、我在夏令营时的同伴、我的大学室友、我婚礼的伴娘。虽然如今她住在芝加哥，而我住在西雅图，但我们每星期都通电话。我重要的生活经历里都有她的支持。劳拉是一个我愿意为之赴汤蹈火的朋友。

当然，我不可能在 5 岁的时候就知道这段友谊有多珍贵。事实上，大多数人都会找到一两个志趣相投的伙伴。但是，只有 7% 的人认为，他们的朋友圈中有人能被称为挚友。

朋友就是两个人身体里寄居着同一个灵魂。

——亚里士多德

实际上,大多数人所说的"朋友圈"更像是一个金字塔结构。人们每年都会接触500-2500个熟人,他们处在金字塔的底层;中间层是20-100个"核心朋友",这些是我们经常见面和联络的人;在金字塔的顶端是1-7个亲密的朋友,他们与我们的生活密切相关。

但是,如果一段友谊不是建立在健康关系的原则上,它将无法经受生活中不可避免的风暴——在风暴中,你尤其需要一个真正的朋友。在这一章中,首先,我们会探讨交朋友的意义。其次,我们将探讨如何建立一段真挚的友谊。最后我们会总结出维护真挚友谊的几种品质。

我们为什么需要朋友

除了极致的酷刑之外，社会上最严厉的惩罚就是单独监禁。在《圣经》中，造物主创造了第一个人后，就宣布了人的社会性格："那人独居不好。"我们大多数人，大多数时候，是希望有人陪伴的。然而，随便找个人作陪，和与好朋友相伴，感受是完全不同的。17世纪的哲学家弗朗西斯·培根指出了友谊的好处："友谊会使快乐加倍，让悲伤减半。"多么真实啊。和朋友们一起，普通的闲逛或午餐都会变得非常有趣。好朋友可以减轻我们的痛苦，减少我们的负担。朋友也能使我们更加坚毅、勇敢，帮助我们成长。有些时刻，他们甚至可以挽救我们的生活。

有研究结果发现，朋友能够帮助我们预防抑郁、增强免疫系统、降低胆固醇、提高心脏病患者的存活率，以及控制压力激素。这一发现排除了其他条件或习惯的影响，如肥胖、吸烟、饮酒、锻炼等。研究还表明，如果有志趣相投的好朋友，可以延长你的寿命。

友谊是灾祸的良方。

——塞涅卡

这就向我们提出了一个重要的问题。什么是"真正的"朋友?是什么让"一个朋友"成为"好朋友"?我们都知道,在你风光无限时出现的朋友并不一定可靠,有些人只想和你同甘,却不想共苦。总需要你过度投入、消耗自己,却不懂得回馈感情的朋友也令人沮丧。而另一个极端,是假装自己无所不知的朋友,向母亲一样总提出我们不想听的要求和建议,但从不征求我们的意见。简而言之,朋友和家人是不一样的,他们既不是你的附属品,也不是你的精神导师。他们只需是你的朋友,这就够了。

亚里士多德将友谊分为三种类型:"以实用为基础的友谊",如热忱、积极的商人,在商业往来中相互扶持,以获得更高的回报;"以快乐为基础的友谊",比如一伙在聚会上享乐的年轻人;以及第三种"完美的友谊"。亚里士多德称前两种友谊为"合格的"和

"肤浅的",因为它们是建立在脆弱的基础之上的。而第三种友谊基于对朋友良好品格的钦佩,是更令人满足的友谊,但也很少见。

好朋友通常有两个特征:既能够使我们有所成长,也能给我们带来快乐。他们既是我们前进道路上相互扶持的伙伴,也是心底的挚友。

待人要礼貌,但亲近的人要少。

——乔治·华盛顿

成长道路上的伙伴

戴尔像是自带了搞笑滤镜。这就是我(莱斯)喜欢他的原因。我的意思是,他总是可以让我开怀大笑。无论我们是在商场里闲逛,在公园里打篮球,坐在校园里,还是在奥尔森老师严肃的课堂上,只要戴尔看我一眼，就能让我笑个不停。因为我上课时总笑个不停，我不止一次被赶出课堂。不过，除了共同的笑点外，戴尔和我还有许多其他的共同之处。我们在许多个日夜里进行了无数次的谈话，从流行音乐到时事，再到生命的意义。我们也思索过我们的迷茫和惶恐、我们的未来、我们的关系。那不是一种轻飘飘的关系，我们在青春的喧嚣和风暴中陪伴着彼此。就像两个久经沙场的老兵一样，我们互相扶持着生存了下来。然而，在青春的一段旅程结束时，友谊消失了。自从我们毕业那天起，我就没再见过我的知己戴尔。

一个曾经的好朋友是如何逐渐淡出我们的生命，成为一个遥远的回忆的？一段友谊逐渐消失，必然是一件坏事吗？在詹姆斯·米切纳（James Michener）的小说《百年风云》（*Centennial*）中说，即使是美好的友谊也可能转瞬即逝："他希望自己能永远和这些人在一起……但事实上不可能。这段旅程结束时，这些人也会就此分离。"

03　朋友往往是阶段性的

你因为喜欢他们，就让他们进入了你的生活。这就是朋友。

——弗雷德里克·比克纳

有些友谊就是阶段性的。就象结伴骑行的牛仔，一同走过尘土飞扬的险路，分享篝火旁的咖啡，又各自上路。我们都有过这样自然结束的友谊。不是因为彼此间心存不满或感到乏味，仅仅是因为这段路已经走到了头。我们已经一起走完了这段旅程，是时候调转方向，去结识下一段旅程的同伴了。

这些不是失败的友谊，它们是成长道路上的友谊，和长期延续的友谊同样强烈，同样必要，同样值得培养和珍惜。如果缺少了这样的同伴，我们同样无法生存。这样的友谊帮我们穿过一段特定的路，为此我们应当心存感激。当然，我很遗憾没有和戴尔（看到他的照片仍然让我开心）保持联系。我甚至幻想着恢复一些过去的关系，但我知道我和大多数失散已久的朋友现在已经没有什么共同话题了。我们的纽带停留在过去，除了美好的回忆外，无可追回。

心底的朋友

格雷格、吉姆、穆迪、凯文、马克，这些名字勾勒出了我（莱斯）的生活，有些从我的童年陪伴我至今。假如他们坐在一起，可以比我的两个亲兄弟说出更多关于我的事。他们是我最好的朋友，是知道我每一次感情受伤和家族史的朋友。他们看着我展翅高飞，也看着我跌落谷底。无论经过多少岁月，我们的友谊都能一直延续。我们总是走在同一条道路上。我们经过多年的相处和谈话，现在已经建立起一套独有的沟通方式了。

这些朋友现在都不住在我附近，但我们在婚礼上会面，路过彼此的城市时也会停留拜访。我们偶尔会相约聚会或一起度假。尽管我们不了解彼此每天的生活细节，但这些朋友知道我生活中的每一件大事，我也知道他们的。我们互相依靠，彼此之间仿佛有一股不可抗拒的力量，推动着我们一起继续前进。

挚友，我在荒野中的泉水！

——乔治·艾略特

这些相伴已久的朋友有时比我们更了解自己。他们给我们的生活带来了充分的安全感，这种感觉似乎是只可意会、不可言传。不过，黛娜·马洛克（Dinah Mulock）将它描述得很好："和一个人在一起的安全感，是既不用考虑思想是否正确，也不用衡量用词是否妥帖，而是想说什么就说什么，就像把谷壳和谷粒一股脑倒出来——确信一只手会筛选它们，保留值得保留的东西，再把多余的东西吹走。"

> 亲人是上天挑选的，
> 朋友是我们自己挑选的。
>
> ——埃塞尔·瓦茨·芒福德

当然，我们通常无法确定某位朋友能陪我们走多远的路是否能走到尽头。有些人会，有些人不会。就是这样，对吧？很难确定。在古代，人们会订立盟约，发誓成为永远的朋友。

如果我们在结交朋友之初就宣誓，也许有助于友谊的维系，但这通常不是现代人交友的方式。我们见面、互相观察和交流，发现我们有很多共同语言，抑或是有共同的利益，然后……就交给命运？如果我们真的想要发展和维持这段友谊，就不应该放任自流。我们不会像古人那样庄严起誓，但我们在无意识中仍会彼此承诺，最终，在长期的相处中，发现彼此已然成为忠实的朋友。这时候再回过头看，我们可能会发现，我们一直在不断兑现彼此间的承诺。

有时候，随着时光流逝，新的面孔会将老朋友逐渐挤出去，因为我们可能会开始一段新的人生旅程，而无法和心底的朋友一直作伴。但我们心里总有一扇门为彼此敞开。

　　心底的朋友和我们成长道路上的朋友同样重要。而更重要的，是如何维持和他们的关系。

练习 5：真朋友测试

你和朋友的关系处于什么状态？这个练习可以帮你检查任何特定的朋友关系。

选择身边的一个朋友，然后诚实地回答下面的每个问题。T（True）表示"对"，F（False）表示"错"。这个练习大约需要 10 分钟。

T　F　　这个人知道如何保守秘密。

T　F　　我们可以在意见不合后和好如初，而不会心怀怨恨。

T　F　　这个人几乎总是为我腾出时间，我也为他/她腾出时间。

T　F　　当他/她给我建议时，通常不带有对我的评判。

T　F　　我可以完全做自己，不用担心被这个人评判。

T　F　　他/她是一个很好的倾听者。

T　F　　当我处于困难时期，这个人坚持陪伴我，并愿意为我做出个人牺牲。

T　F　　这个人知道我的缺点，但仍然喜欢我。

T　F　　我们的关系是有来有往的；我们都很关心对方。

T　F　　必要时我能够与这个人设定明确的界限，他／她会尊重这些界限。

T　F　　我们聊天时没有禁忌话题。

T　F　　我可以随时依靠这个人。

评分：统计 T 的个数，作为最终得分。总分为 12 分。得分解释如下：

10—12：毫无疑问，这是一位好朋友，值得你努力关心和维护。你希望好好享受你们的友谊。

7—9：虽然这位朋友对你的需求不够敏感，但你们的关系也显示出很大的潜力。他／她也许无法满足你所有的期望，但不要因此失望。

0—6：这位朋友可能更像是一位"晴天朋友"，不能在困难时期支持你，甚至在阳光明媚的日子里也未必。不要把所有希望寄托在这个人身上。

如何找到真正的朋友

友谊就像是一场漫长的谈话。事实上,在两个人还不太相熟的阶段,常常想进行有趣的谈话,是双方能够成为朋友的最关键的迹象。

然而,实现"高质量沟通"的压力,有时会给过度热情的"准朋友"带来一种不真实的顿悟(这与心理咨询最后 10 分钟里,一个急于讨好人的病人的情况颇为相似。)。例如,在最初的几次谈话中,由于双方都试图建立联结,所以会夸大彼此的共同点。("哇!你也喜欢沙丁鱼比萨饼?我也是!")如果此时不能很快展现真实的自己,双方就会形成一种令人不安的"伪友谊",伪装无法带来快乐。幸运的是,即使是两个热情过头的朋友也可能顺利逃脱这个微妙的陷阱,通过适当的沟通技巧,获得真正的友谊。

第一个技巧是掌握闲聊的艺术。这需要两个工具。**第一个工具是善于倾听的耳朵。**有些人十分善于倾听,进而让他人表露自我,因此他们很容易就能与人亲近起来。已故的心理学家卡尔·罗杰斯(Carl Rogers)称这些人是"促进成长型"倾听者。他多年的研究表明,好的倾听者有兴趣真诚地理解他人,他们不断地接纳着他人的感受,尝试从对方的角度来看这个世界。真诚、接纳和同理心,是好听众的素质。

人人是朋友,就是没朋友。

——英国谚语

第二个工具是自我表露。 自我表露是诱发潜在友谊的主要因素。自我表露的运作原理是,当一个人袒露了一些私人的东西给对方,对方很可能也会相应地袒露一些私密的东西。社会学家称之为"自我表露互惠效应"（disclosure reciprocity effect）。然而,自我表露是有风险的。因为,"如果我暴露了我的一部分,例如我内心的激动,我的不安全感等等,我也可能会被拒绝。"这也让对方得到了一种可能性,"你可以不接纳我所透露的内容。你可以贬低它或轻视它。"如果对方无法回应我们的脆弱,我们就会感到被轻视。但如果对方也同样分享了自己的秘密,那么友谊的纽带就建立了,彼此也就不再孤独。

英国文学家 C. S. 路易斯(C.S.Lewis)在他的经典著作《四种爱》(*The Four Loves*)中写到了通过自我表露建立友谊的过程:"开启友谊的典型表达是:'什么?你也是这样吗?我一直以为只有我会这样。'——这时,友谊就诞生了。"

知道应该在什么时候以及如何谈论自己,和善于倾听同样重要。没有人能真正接近那种对自己的形象过分小心,并且从不透露任何私人信息的人。你必须打开心门,但不要开得太宽。如果你透露得太多,可能会淹没对方。没有人会喜欢另一个人的无聊琐事。另外,不要用聊别人的八卦来代替自我表露。每个人都欢迎那些分享自己珍贵故事的人,但一个不断透露别人的秘密的人是令人讨厌的。

练习6：你是一个"促进成长型"倾听者吗？

我们大多数人在学习倾听方面还有很大的提升空间。这个练习将帮助你评估你在这项重要的友谊技能上的优点和需要改进的地方。整个过程大约需要5—10分钟。

按你的真实情况，诚实地回答以下3个问题，圈出最符合你情况的数字。这些问题是基于卡尔·罗杰斯的"成长促进型"倾听者理论而设计的。

1. 一般来说，当你第一次遇到别人时，你是否真的对他们感兴趣？是否想了解他们的故事？是否真的想知道他们的兴趣所在？还是你更可能只是走过场，表面上得体，但不够真诚？

不真诚……………………………………极其真诚
1　　2　　3　　4　　5　　6　　7

2. 一般来说，当你第一次遇到某些人时，你是否接受他们的意见和感受？你是否愿意听他们说话，还是更可能在完全理解他们的观点之前，就插入自己的意见和感受？

不接受……………………………………极其接受

1　　2　　3　　4　　5　　6　　7

3. 一般来说，当你第一次遇到某些人时，你是否能同理他们的处境？你更倾向于把自己置于他们的立场，尝试准确理解他们的经历，还是更可能做出一些结论和假设？

不同理……………………………………极其同理

1　　2　　3　　4　　5　　6　　7

总分 _____

计算你的得分。最高分为21分，分数越高，说明你越有可能是一个"成长促进型"的倾听者。你也可能会发现，你在每道题上的得分差异很大。看看你最需要改进哪一方面？

如何维持一段真挚的友谊

建立一段友谊是一回事,而维持一段友谊则是另一回事。再茁壮的友谊也需要浇水,否则也会枯萎和死亡。这就是为什么当我们读到萧伯纳给他的朋友阿奇博尔德·亨德森(Archibald Henderson)写的话会深感触动:"最近,我常感到我真的太忽视你了。这是因为,我总会忽视那些即使被忽视也不会立即消失的事物,也许正因为你已经进入了我亲密朋友的圈子,而我好像时常会忽略亲密朋友的感受。"

人们很容易认为好朋友的陪伴是理所当然的。我们是应该这么想。就像舒适的旧手套,老朋友们都戴得很好。但是,友谊不能因为忙碌和过于熟悉被忽视太久,友谊需要长出新芽。用技巧去维持友谊,仿佛贬低了友谊应得的尊严,因为这种有意义的关系不能被简化为"几个小技巧"。已有研究揭示了让真挚的友谊保持下去的品质,如果我们不能培养出这些品质——忠诚、宽恕、诚实和奉献——就不能期望维持真正的友谊。

忠诚

在一项关于"你最欣赏的朋友品质"的调查中,大家普遍认为最重要的品质是忠诚。这看起来好像并不算什么,但又确实没有什么比这更重要。好朋友总是会遵守诺言,他们不会把你的秘密告诉别人。即使在你有麻烦的时候,他们也绝对不会抛弃你。

然而,"患难见真情"(A friend in need is a friend indeed)这一著名的格言并不是忠诚的全部解读。成功人士可能更难找到朋友。当朋友的救世主不是比花式夸赞他更舒服些吗?当我们展翅高飞的时候,一个朋友能和我们一起飞翔,而不是试图把我们拉回地面,这需要百分百的忠诚。忠诚的朋友会为你的成功鼓掌欢呼,而不是在你成功的时候感到嫉妒。忠诚是建立良好友谊的核心。

宽恕

尽管忠诚很重要,但朋友不一定能时刻保持忠诚。这就需要"宽恕"。你的每一个朋友最终都有可能会让你失望。宽恕并不意味着你要原谅朋友的每一次冒犯，但有些怠慢只需要被忽略和遗忘。温斯顿·丘吉尔（Winston Churchill）的母亲珍妮·杰罗姆（Jennie Jerome）深刻地明白这一点，她说："你要像拍照一样对待你的朋友，把他们置于最佳光线下。"

有太多好的关系因为一些很小的事情而消失。有些人因为朋友回消息不够及时，或者朋友没来参加聚会，就噘嘴、摆脸色、发脾气。他们为友谊设定了极高的标准，以至于他们经常对朋友失望。他们不能容忍一些哪怕很小的事，朋友每一个小失误都被解读为背叛。

但真正的背叛，那种让你置于糟糕境地的背叛，完全是另一回事，我们将在下一章讨论它。这里说的主要是，要学会原谅友谊偶尔带来的痛苦。

顺便说一下，宽恕其实是一条双向车道，可以互惠互利。除非你是一个圣人，否则你一定曾有意无意地冒犯过哪个朋友。如果这段友谊能幸存下来，那是因为你的朋友原谅了你。我们交往时间最长的朋友往往是原谅我们最多次的朋友。而真正的友谊也让我们清楚该接纳朋友的哪些过错。

诚实

"莱斯,你太专注于实现目标了,在做事的过程中,你有时会忽略别人的意见和感受。"我的朋友史蒂夫在我们最喜欢的咖啡店吃午饭时突然严肃地对我说道。他的话确实刺痛了我。但是史蒂夫说的是对的。事实上,史蒂夫是在为我的最大利益着想。他关心我,不想让我和同一个委员会的其他成员们陷入尴尬的局面。这是一件好事,他的诚实拯救了我。

真正的朋友就是这样的。诚实是建立友情的先决条件。"不想听真话的人没有真朋友。"西塞罗(Cicero)这样说,"一个人不想听真话,另一个人就不愿意说真话。"这需要我们达到一种有时堪称残酷的诚实吗?不完全是。在缺乏尊重的情况下,诚实有时也是一种致命的利器。西塞罗还说:"缺少了尊重,友谊就失去了最华贵的东西。"

诚实不光是说真话;它还意味着自己是真实的。我认识一些一拍即合、马上成为朋友的人,他们之间有很多共同点。他们的工作、他们的衣着风格、他们的品位、他们的背景都是相似的。他们就像双胞胎一样默契,仿佛心有灵犀,能了解彼此的想法。但这种关系并不真实。或许他们中的一方渴望拥有一个志同道合的伙伴,以至于他在关系中不断让步和模仿另一方。也可能是两方互相让步和模仿。这种关系就演变成了爱默生所说的"让步的泥潭"。

真正的朋友不怕诚实,他们也不怕做自己。真正的朋友应当是像爱默生所说的:"宁可做朋友身边的荨麻,也别做他的应声虫。"如果你害怕有敌人,那么你永远不会拥有真正的朋友。

奉献

已经凌晨12点半了。我和莱斯莉在美国肯塔基州郊区的一个静修中心与一群学生交谈后,刚刚回到自己的房间。一阵响亮的敲门声打破了沉默。"会是谁呢?"我想。

莱斯莉打开了门,"蒙蒂!"她大声喊道。我们简直不敢相信。蒙蒂是我们大学时代的朋友。他现在住在辛辛那提,他开了4个小时的车,在没有任何提示的情况下找到了我们住的地方。

"我就知道我能找到你,"他边说边给了我一个大大的拥抱,"我听说你在威尔莫尔附近,我非见你一面不可。"他带来了一个巧克力蛋糕和几把塑料叉子。于是,我们一边吃蛋糕,一边聊天,就这样谈笑着大约度过了一个半小时。然后,蒙蒂不得不回去了,因为第二天早上他要回辛辛那提的学校教课——折回去的路上又是4个小时。

友谊是最没有嫉妒的爱。

——C. S. 路易斯

蒙蒂的行为,清晰地展示了友谊里的奉献。他是挤出了时间?不,他是牺牲了时间来和我们相聚。这就是奉献的意义。它意味着两个人有能力相互影响对方的计划、思想、行动和情绪。

想想看。当你还是个孩子的时候,和朋友在一起的时间多得数不清。然而,在成年后,人们繁忙的日

03　朋友往往是阶段性的

程安排和密密麻麻的预约，迫使大多数友谊需要靠强烈意愿和努力追求来维持。大学毕业后要保持友谊，需要你们留出一个晚上，在短暂的夜晚塞进你所有的近况、你的观点、那些悔恨的事和对彼此的建议。这种对信息的密集分享只有通过对友谊的奉献才能实现。

当然，奉献精神在危机时期显得最为突出。例如，当朋友的情绪触底时，就意味着我们需要取消自己的日程以提供支持。这正是朋友们存在的意义和价值。所以，如果你不愿意被朋友叨扰和改变计划，那就别抱怨自己没有好朋友了。

个人的牺牲、无私和承诺，这些崇高品质都是奉献行为所需要的。

练习 7：评估你的奉献程度

忠诚、宽恕、诚实等品质对维护友谊是至关重要的。这个练习则侧重于奉献。它会考察你是否已经拥有"奉献"的品质。如果没有，该如何得到。完成这个练习大约需要 10 分钟甚至更久，你可以邀请朋友一起完成练习，然后讨论你们的答案。

回想你最亲近的朋友关系 h，并想象在以下场景中自己会如何反应。把你的答案写下来，可以更清晰地反映你的想法。

场景一

你在凌晨 2 点接到一个好朋友的电话。他刚刚结束了一段几个月的恋情，但现在他又在重新考虑这段关系。

你会说……

a. "你竟然凌晨 2 点给我打电话。我太困了，我得去睡觉了。"

b."不好意思,我现在脑子不清醒。我们明天早上见面聊吧。"

c."告诉我你怎么了。"

d. 你还可能会说:_____

_____

场景二

你的一个好朋友周六要搬到新公寓,要求你帮忙搬家,并借用你的车。可你有一个重要的项目企划书下周一必须写好交上去,你本打算利用周末时间完成。而且你也不太愿意把自己的车当搬家车用。

你会说……

a."我很乐意帮忙,但实在没空。"

b."我可以上午帮你几个小时,但下午我要把时间花在我的项目上。"

c."没问题。无论如何我都愿意帮朋友。"

d. 你还可能会说:_____

_____

场景三

你的一个好朋友对你曾经认真交往过大约半年的前任表示兴趣。你现在对那位前任已经没有任何牵挂,但你对他们在一起还是感到有些不安。你的好朋友想知道你的看法,询问你是否介意。

你会说……

a."如果你们在一起,我不认为我们还能继续做朋友。"

b."当然可以,我不介意。"(但心里其实很不高兴。)

c."说实话,我对这件事有些奇怪的感觉,但不确定为什么。"

d. 你还可能会说:_____
_____

这个练习的重点是让你思考自己对友谊的奉献程度。没有唯一的"正确"答案;也没有客观的评分。你可以将自己的回答与他人对比,以获得一些客观反馈。询问他们为何选择了这些答案,并考虑自己是否在某些时刻（例如，紧急情况下）表现得更有奉献精神。最后，如果你感觉自己的奉献水平不足，探讨具体的方法来改进。

网上的朋友：环境亲密

各类社交软件的出现，重塑了我们的关系。我们以前从未享受到一些人所说的环境亲密（ambient intimacy），即能够定期和亲密的人保持联系，因为时间和空间都不允许。而这些社交软件的出现为我们提供了创建在线社群以及线上联系的机会。

根据一些研究，我们每周会把有限的社交时间花在 5 个人身上，他们是对我们来说最重要的人，也是现实中的朋友。因为我们的人际关系的质量，取决于我们能投入的时间，所以大多数人很难有 5 个以上真正亲密的朋友。除了有限的时间外，我们也没有更多的情感资本投入到更多的人身上。

但在虚拟世界中，我们可以有成百上千个"朋友"。有人在脸书上的朋友数量超过 300 人。可是有研究表明，一旦你在网上拥有超过 150 个朋友，你再收获的会是一些时不时窥视你生活的社交网络"视奸者"（social voyeurs）。

互联网可以极大地造福我们现实生活中的友谊。这是一种与我们最关心的人保持联系并了解其最新

03　朋友往往是阶段性的

动态的好方法。但需要注意的是：社交网络让我们的人际关系越来越广，同时也越来越缺乏深度。社交网络将扩大我们的关系的数量，但不会加深关系的深度。过去大多数人都只有少数几个朋友，但现在人们可能会告诉你，他们有上百个"朋友"。我们都变得更受欢迎了吗？不，只是我们放宽了对友谊的定义。虽然我们在社交网络上积累了大量的朋友，但我们真的能指望这些朋友在自己需要的时候伸出援手吗？网上的朋友虽然有时很好，但并不能媲美真实的朋友。

信息技术高度发达带来的另一个要警惕的问题是，它有时会阻止我们与同一个屋檐下的人建立联系。超过90%的人使用手机发消息，好处是显而易见的。尽管这让沟通变得更容易，但也造成了注意力的分散。当你和一个朋友做伴时，会感觉只有半个人在场，因为大家都痴迷于看手机。

我们的生活中每时每刻都充满了电子设备传来的哗哗声和嗡嗡声，并且经常会打断我们面对面的交谈。我们似乎无法停止发评论、发消息或看视频。这就是为什么我们必须有意识地对待我们真实的关系，恢复我们面对面的注意力。活在当下，并充分地感知当下。否则，我们只能孤独地和网上的朋友待在一起。

03　朋友往往是阶段性的

思　考

1. 你是如何选择朋友的？当你选择一个人做朋友时，更多的是因为他（她）的个人品质，还是你们所处的环境因素？

2. 交朋友的好处从科学角度来看是相当显著的。除此之外，你能看到哪些与科学研究结果不一样的好处？你最喜欢友谊带来的哪些好处？

3. 总体而言，你是否同意我们的好朋友有两种类型：成长道路上的朋友和心底珍藏的朋友？回忆一段没有维持下去但十分有意义的友谊的例子吧。它对你的生活有什么意义？它帮助你度过了怎样一段旅程？

4. 宽恕可能是所有关系中最具挑战性的。想象一下，当你在给人宽恕或被人宽恕的时候，是什么让宽恕如此困难？

5. 保持友谊有四种品质：忠诚、宽恕、诚实和奉献，你认为哪一个是最重要的，为什么？你还想为友谊添加哪些其他品质？

04

学会修补有瑕疵的友谊

04 学会修补有瑕疵的友谊

当半夜电话响起时,我(莱斯)没想到会是丹尼。"我是从法国打电话来的,"他说,"我知道这很疯狂,但我需要和你谈谈。"

我睡眼惺忪地听着,他告诉我,他一直在思考我们的友谊——准确的说,是我们过去的友谊。"我不知道我们之间到底发生了什么,但我知道我可能有时候表现得像个混蛋,"他承认,"我想道歉。"他真诚的道歉让我措手不及。我没想到会再次接到丹尼的来电,更不用说听到他道歉了。

我们一起上学已经是3年前的事情了。3年前,在一次紧张、礼貌的谈话后,我们都知道彼此之间的鸿沟已经太大,无法跨越了。

然而,在那天晚上的电话里,丹尼试图重新搭起我们之间沟通的桥梁,使我们重新联系并纠正过去的问题,即使这种联系只是暂时的。他告诉我他自我反省的经过,以及他是多么不想对我们的友谊怀有任何怨恨或痛苦。

我们都为过去的迟钝道歉,并笑着回想起这一切是多么滑稽。这是一次洗礼。错误得到了纠正,失去的朋友被找回,虽然不似从前那么亲密了,但我们可以继续保持联系。

从某种意义上说,我和丹尼都很幸运——大多数逐渐淡化的友谊都永远消失了。很少有人足够强大,能够重拾友谊。

有时候,我们可能会仔细审视友谊,然后意识到它好像出现问题了。这可能是一段崭新的友谊,还有一些不顺;也可能是一段长期友谊,曾经坚如磐石,但现在似乎正在破裂。不管怎样,当友谊动摇时,我们很少有应对震荡的准备。

> 友谊总是突然缔结,那么突然破裂也不足不奇。
>
> ——约瑟夫·艾迪生

亲密的朋友往往会像兄弟姐妹一样,有些人"情同手足",但失去一个亲密的朋友又不像失去了一个家人。没有人会为破碎的友谊开追悼会。友谊消失时往往不会伴随着大吼大叫。大多数人也不会像失去家人或恋人那样,为失去朋友而哭泣。事实上,尽管很多人都喜欢交朋友,但令人惊讶的是,大家都对友谊逝去的过程和感受缺乏关注,只有一个相当模糊的描述:"闹掰了",甚至没有太多的形容词来描述发生了什么,更不用说解释为什么了。

这一章就是希望改变这样的现状。在这里,你会了解一场友谊是如何走向结束的。我们将仔细研究双方不可调和的差异(包括现实的和你想象中的),并提供一些实用的工具来帮助你确定是否有机会修善一段破损的友谊。而对于已经无法挽回的友谊,我们可以悼念它的逝去。然而,我们需要首先思考一个至关重要的问题,即你对朋友的期望是否恰当,这个问题是本章的基础。

对朋友有多少期望是合适的？

为什么要从这个问题开始呢？因为你的答案就是一个很好的晴雨表，来估量你的友谊能不能顺利度过风暴。一般而言，我们不会对泛泛之交有太多要求，比如说那种每年聚会一两次的朋友。但一起经过许多事的朋友缔结了深厚的感情，彼此往往有很高的要求。我们期望友谊比实际情况更容易，更自然而然。

> 友谊最致命的疾病是渐行渐远，或者说是不断增加的反感。那些引起反感的小事都太微不足道，不足以拿出来抱怨，但又实在太多，让人无法视而不见。
>
> ——塞缪尔·约翰逊

04 学会修补有瑕疵的友谊

回忆一下你童年时的友谊吧,它们通常为未来情况的发展定下了基调。你从来没有"创造"过小学一年级时的友谊,它只是自然而然地出现了。

安迪是我第一个"最好的朋友",跟我家只隔着两幢房子,我们是在学校的沙坑里认识的。我们的友谊似乎是立即发生的。他喜欢风火轮和小卡车,我也是。这就是一段美好友谊的开始——直到第二年夏天,他和家人搬去了得克萨斯州。

安迪的离开标志着我生命中无忧无虑的友谊的结束。仅仅几年后,一起在沙坑里玩的幸福感,被三年级时突然出现的对朋友的占有欲替代,让我饱受折磨。那时,我得知我新的"最好的朋友"唐尼,放学后去另一个同学家里玩了。听起来熟悉吗?这种情况几乎曾经发生在我们每个人身上。

我们成年后可能也会经历更严重的背叛,但小学时好朋友突然"叛变"的影响是非常大的——在我们努力、耐心地接近一位朋友后,他放弃了我们,转而选择了一个更受欢迎的孩子。不应该是这样的，我们心里想。但遗憾的是，友谊不断地给我们教训，也是我们不想要的教训：**友谊是脆弱的。**

与爱情关系和家庭关系（更有可能充满情感包袱）相比，朋友关系看似轻松。但相对地，我们可能更难接受这样一个事实，即这种"轻松"的关系并不是一种非常有韧性的纽带。

当一条原本轻松的友谊之路变得坎坷不平时，我们大多数人都会感到惊讶，甚至是怨恨。在友谊的蜜月期，通常是友谊开始的几个月到一年多，每个朋友都会付出自己最大的努力。处于蜜月期的朋友往往会忽视对方一些惹人烦的习惯，甚至可能没有意识到对方的性格缺陷或两个人的价值观差异。所以，到了后来，当这些问题浮现时，我们就会感到被背叛了。

更糟糕的是，我们喜欢把亲密的朋友看作是我们自己的镜像。如果一个朋友不像我们最初想象的那么完美——而且几乎没有人那么完美——他（她）可能就会被视为一个坏人。要改变这种感觉，就需要接受分离性和独特性。这需要一个诚恳的回答：你认为自己能从朋友那里得到多少？如果你的答案看似非常完美，那么你就需要准备好迎接一段颠簸的友谊之路了。然而说实话，即使你的期望很低，友谊的道路上也难免出现意想不到的坑洼。

为什么友谊可能会破裂

假如有一天，你和朋友发了一连串不爽的短信，或者在咖啡店里气氛紧张地沟通了一番，甚至爆发了一场争吵，之后，你可能会喃喃自语："我在干什么？我为什么要和这个人说话？他（她）好像不再是我的朋友了！但我不知道为什么。"为什么？我们时常会问。为什么一段曾经牢固而令人满足的友谊会突然动摇呢？

事实上，答案相当简单。友谊破裂大多有三个原因：重大变化，比如结婚或搬家；忽视；背叛。我们将仔细展开说说这三个原因。

很多人喜欢好朋友的自卑感。

——切斯特菲尔德勋爵

重大变化

友谊出现动荡最常见的原因,是朋友生活中的一个重大变化(无论好坏)所造成的破坏。例如,当一个朋友的梦想先于另一个朋友实现时,两人的生活就会不同步,嫉妒、愤怒或怜悯就会出现。原本良好的友谊,也可能会因为一次重大的工作晋升、一段认真的恋爱关系的开始而消失。有时候,情感生活发生了变化,有时候实际情况变了。由于大多数友谊都开始于两人相似的经历,当重大变化抬高了其中一个人的地位,另一个人就会本能地感到嫉妒,"为什么是他(她)而不是我?"在变化的过程中,时间、精力和注意力出现新的限制,往往引发朋友间的矛盾。生活变化较少的一方通常需要做更多的事情来维护友谊，至少在过渡初期是如此。无论如何，即使是你最珍视的、以为能维持一辈子的友谊，也有可能被突然的重大变化破坏掉。

忽视

在电影《安妮·霍尔》(Annie Hall)中，导演兼主演伍迪·艾伦与女演员黛安·基顿之间有一段台词，说："关系就像鲨鱼，你知道吗？鲨鱼必须不停地游动，否则就会死。我想我们的关系就是一条死鲨鱼。"有些友谊消逝于停滞或纯粹的忽视。比如说，你本来想打电话给朋友的，但最后没有打；你知道今天是朋友的生日，但因为太忙而忘了祝福。你觉得对方会理解的。但是，友谊是需要不断培养的。如果停止培养，烦恼一定会开始出现。

想想看。当我们忙的时候，我们只想去做不耗费太多精力的事情，但维护友谊很耗精力。尤其是，如果你的朋友有一些讨厌的特点，比如很聒噪，爱贪小便宜，或者习惯性抱怨，你就更有可能在忙碌的时候忽视这个人。当然，情况也有可能是反过来的，你的朋友很忙碌因此忽视了你。无论是你还是对方，忽视肯定会让友谊产生裂痕。当裂痕出现时，我们总是措手不及，尤其是当它出现在我们最不希望出现或最不能应付它的时候：我们在学业、事业或家庭方面正经历着压力，让我们对朋友不那么细心体贴了——忽视也就产生了。这就是为什么最牢固的友谊似乎总会在我们最需要的时候破裂。

背叛

他是你最好的朋友，你把一切都告诉他，结果你却发现他在八卦你，或者更糟的是，他在和你的恋人调情。一个你信任的知己开始欺骗你，最后，他也会背叛你。重大变化和忽视可能是友谊破裂更常见的原因，但背叛往往更让人痛苦。为什么呢？因为背叛会破坏信任。你的知己——知道你最黑暗的秘密的人（例如，你有多重的负债，或者你深受厌食症的折磨），有能力精准地伤害你，因为他非常了解你，你们曾经的密语为他提供了情感弹药，可以直接刺穿你的心。这会引发你的担忧和怀疑。

不信任朋友比被朋友欺骗更丢脸。

——弗朗索瓦·德·拉罗什富科

也许你的朋友、你依赖的人，在你需要的时候却不在你身边。也许他（她）甚至可能会和其他人一样在一个敏感的问题上取笑你。这就引出了一个重要的问题：我们所认为的背叛往往是无意的。你的朋友可能不认为他做错了，或者意识不到他给你带来了痛苦。他可能不知道你这么依赖他。他可能认为你觉得他很幽默，而不是在嘲笑你。

然而，如果你的朋友是出于愤怒或嫉妒而伤害你、报复你，那就需要小心了。因为这种情况下你是个被公然背叛的受害者。

而无论是有意还是无意的，背叛都是破坏友谊的毒药。

当你发现自己正经历友谊的破裂——无论是由于改变、忽视还是背叛，重建友谊的步骤都是差不多的。然而，在探索这些步骤之前，我们要先提出一个重要的基本问题：你和朋友之间的分歧真的不可调和吗？

练习 8：从失败的友谊中学习

如果我们不从失败的友谊中学习,我们就错过了一种宝贵的教育。通过重新审视我们的一些人际关系是如何失败的,我们可以学到很多东西来改善我们现在和未来的关系。

痛苦的关系模式往往不断重复上演,这个练习旨在帮助你洞察这一情况并尽量将其避免。请回想下某段"你信任的人让你失望"的关系,并回答以下问题,以帮助你从失败中学习。这个练习大约需要 10 分钟。

1. 你认识这个人多久了?是什么让你们走到一起的?

2. 回顾你的关系,是什么让你认定你可以信任他/她?

3. 这个人具体做了什么事让你们的关系"失败"?

4. 这个人对你造成的伤害分别是以下哪几种,按百分比计算,大约各占多少?

- 沟通不畅（　　%）
- 破坏信任（　　%）
- 谣言（　　%）
- 忽视（　　%）
- 背叛（　　%）
- 无法控制的人生变化（如搬迁到异地）（　　%）
- 性格变化（　　%）
- 道德选择（　　%）
- 其他 _____

5. 花一些时间认真反思，评估你在你们的关系破裂中负有多大的责任。你是否做了什么，可能导致了问题？

6. 你是否曾因被他（她）伤害而想要报复？如果有，为什么？你是怎么处理报复情绪的？结果如何？

7. 你是否已经走出了这段关系的影响，治愈了曾经的伤痛？如果是，是什么帮你好了起来？

8. 回顾你们建立关系的基础以及关系破裂的原因，你可以推测出如何避免未来的友谊中出现类似的情况吗？

04　学会修补有瑕疵的友谊

不可调和的差异

友谊可能随着一声爆响或一声呜咽而消逝。那些随着呜咽消逝的友谊，可能只是因为被忽视，或是我们已经走完了某一段人生旅程。在我们的一生中，失去朋友这件事本身是正常的，甚至是合适的：当我们毕业时，当我们换工作时，当我们搬到一个新的城市时，当我们开始一段新的恋情、结婚、生孩子，甚至当我们放弃了一门健身课时，都可能会离开一群朋友。

而爆炸式结束的友谊，更有可能来源于意外变故，或可怕的背叛。当友谊中的一方积累了足够多的痛苦（或一次剧烈的痛苦），遇到太多不满意的事，这个人就会爆发。你们一起走到了这段友谊旅程的终点，彼此道别，从此走上不同的路。

无论一段友谊是如何破裂的，轰的一声或呜咽一声，你都会犹豫是不是应该去修复它，纠结于你是应该极力挽救下，还是干脆地放手。这是一个好问题，因为并不是每一份友谊都有必要去挽救。有时候，挽救一份友谊的成本实在是太高了。但其实，也没有什么硬性的标准，因为我们每个人都必须决策出什么对我们最重要，什么对我们来说不值得计较。

如果你十分珍视一段已经结束的关系，我们会敦促你不要完全抛下它——至少现在对你来说还没到时候。一段友谊可能是以一种对你来说十分不公平的方式走到尽头的。你想要报复。你有两个选择：你可以心怀怨恨地将这位朋友拒之门外，来体验一些短暂的满足；你也可以给自己时间和空间冷静下来，整理自己的想法。问题的关键是，如果你珍惜一段友谊，你就不应该太快地毁掉你们之间所有的沟通桥梁。时间有一种能够治愈伤痛的魔力。这可能是一种陈词滥调，但确实管用。随着时间流逝，宽恕冲走愤怒，让我们保持健康的心态。

另一句也是老生常谈的话："疾风知劲草，患难见真情。"这意味着，当你陷入痛苦时，生活将伸给你一只手，带你找到你的老朋友。当一场悲剧发生时，如事业挫折或失去至亲时，你会意识到生活太短暂，所以我们不能总活在怨恨里。悲剧会点醒我们，生活中最重要的是什么。它可以刺激我们想去重建那些在怒火中烧毁的沟通桥梁。毕竟，与老朋友谈谈心

04 学会修补有瑕疵的友谊

可以提醒我们,生活并不是那么荒凉,于是我们又产生了希望,希望我们的世界重新获得平衡。

但老实说,有些友谊我们根本无法修复。有时候,不管友谊结束让我们多么悲伤,我们都必须接受事实。毕竟,如果只是单方面地想要保持友好关系,这段友谊就经受不住危机。在这种情况下,我们最好就是哀悼丧失。既然昔日好友已然失去,那我们就不要错过更多美好事物了。我们允许自己悲伤,同时我们也必须前进。

"重启友谊"大多是为了那些特殊的、亲密的朋友,那些给我们的生活带来了非凡意义的友谊。虽说破镜难重圆,但修复友谊可以让我们更正确地看待过去的经历,加深我们对生活的理解,所以值得一试。友谊越是牢不可破,越可以帮助我们过上更满意的生活。

练习 9：这段友谊还能恢复吗？

并不是每一段破裂的友谊都值得修复。这个练习将帮助你确定朋友关系中的特定信号，以帮助你确定这段友谊是否存在积极的迹象。

考虑你和某位朋友的具体关系，然后就以下问题回答"是"或"否"（Y= 是，N= 否）。这个练习大约需要 5-10 分钟。

Y　N　　你发现，在你发消息后，对方总是回复说"不好意思，刚才没回复你；我一直很忙"。

Y　N　　你和朋友定好了约会的日子，但后来你又在同一时间安排了另一个约会，却没意识到安排重复了。

Y　N　　你发现你经常跟别人谈论你的这位朋友，却较少和这位朋友交谈。

Y　N　　当你和朋友在一起时，你发现自己保持沉默，不愿询问他的近况，而是暗暗期待他先问你的近况，但他并没有这样做。

　　Y　N　　结交这位朋友后，你变得不喜欢自己了，因为他能激发你最糟糕的一面。

　　Y　N　　你发觉自己不能像以前那样完全诚实地向他吐露你的个人生活了。

　　Y　N　　你对他习惯性迟到的毛病感到越来越不耐烦，常常在嘴里嘟囔"我受够了"。

　　Y　N　　你翻来覆去地回忆你们过去的时光，意识到你们近期的交往乏善可陈。

　　Y　N　　你已经向你的朋友倾诉过你感到被他忽视、你很受伤，但还是看不到积极的变化。

　　Y　N　　你觉得他让你退让了原则，或损害了你的自尊。

　　Y=＿＿＿＿＿＿＿ 个

　　如果 Y ≤ 3，你可以考虑修复这段友谊。如果 Y > 3，那么这段友谊可能已经超出了能修复的范围。或许你们的成长步调不一致，或许这段友谊存在缺陷，始终让你感到沉重，总之，较多的消极行为或严重的背叛行为，令你无法释怀。

修补破裂的友谊

当两个人建立了一段友谊,在其中投入了许多时光和心力,就算之后友谊痛苦地破裂了,也并不一定意味着这种关系就永远消失了。因为不是所有裂痕都是致命的。

如果你有一个失联已久的朋友,分开得很不愉快,你可以进行有意义的关系重建。下面的五个步骤可以帮助你决策是否应该保留这段友谊,以及你可以如何去做。这五个步骤不一定适用于每个人的情况,但可以当作一般性的原则。

第一步:计算成本

如果一段友谊迫使你放弃原则、践踏你的自尊,那么这种不健康的关系就不值得留恋。如果一个朋友让你感到不那么被关心,不那么被尊重,甚至让你感到担忧,你有权利要求他改变。如果一个朋友向你施压,让你做一些你不想做的事情,而你想要坚持自己的信念,那么,真正的好朋友是会理解并尊重你的。

04 学会修补有瑕疵的友谊

否则，离开这种破坏性的关系，你可能会变得更好。

意识到一个朋友已不再对自己起到积极影响，是一件有意义的事。"我花了一年多的时间来思考，为什么一个看起来情深意重的朋友却让我感觉不太舒服，"一个来访者最近在一次咨询中告诉我们，"终于，我意识到她是在和我竞争。所以我决定离远点。我们仍然时不时地聊天，但我们的关系不再紧张了，这段关系也不再消耗我。"

友谊如金钱，赚比存容易。

——萨缪尔·巴特勒

不要觉得失去了眼前的朋友就再也找不到另一个朋友了。相反，在你断绝错误的关系之前，你可能很难结交另一个朋友。真正的友谊可以增强你的归属感，糟糕的友谊则会破坏你的安全感和自我价值感。

所以，仔细考虑一下你为了维持一段彷徨的友谊所付出的代价。如果成本太高，那就彻底离开它。但是，找一些合理的理由不接电话或取消约会，会妨碍我们真正从这段行将结束的友谊中吸取教训。如果你能以一种更直接和更负责的方式，即通过与朋友一起探索自己的感受来结束这段友谊，可能会对你们俩都更好。

不过，如果你的友谊值得修复和维护，你就可以进行第二步了。

第二步：进行有意义的联系

如果你认为恢复友谊是明智的，你可以发消息或打电话给这位朋友来传达一个主要意思："我们的友谊对我来说很珍贵，我想见一面，看看能不能找到办法解决我们之间的问题。"差不多是这样。联系的要点很简单，传达你想要重新建立良好关系的愿望并询问朋友的意愿。在这个阶段，你没有必要表达你的不满，或者做出详细的道歉（稍后会有）。目前，你只需要表达你想通过一次和平对话来展开真诚的讨论，以解决你们的分歧。

虽然这一步看起来相当简单直接，但也是经常出现问题的地方。如果你疏忽了自己的感觉，没有觉察到自己还存在一些想要报复这个朋友的想法，你就有可能在不知不觉中破坏你传递的简单信息。如果你留有愤怒和怨恨，就不可能谦虚地进行有意义的交流。然而，释放你的这些不良情绪也是很要紧的，我们会在下一步去处理这些情绪。

第三步：尽可能地原谅

我一直觉得很难掩盖所谓的"不满"。如果我被冤枉了，即使对方说了"对不起"，我也很难完全放下这件事。被不公正的对待后，很难主动原谅对方。谁想热脸贴冷屁股呢？这难道不是一个懦夫，甚至是一个傻瓜的行为吗？我一向都觉得是这样，直到我学到了一个特别有用的办法。

当有人轻视你、冒犯你、深深地伤害你时，你自然会产生想要报复回去的冲动，就像我们常说的：以眼还眼,以牙还牙。但这种冲动可能会造成的问题是,我们不知道什么时候能够停下来。因为,以眼还眼时,我们想要的不仅仅是一只眼睛。说实话,我们不是想要天平平衡,而是希望事情的解决对我们有利。在这种心态下,一旦我们对补偿感到满意,我们的敌人就会再次惩罚我们。而这个循环会不断进行。

"宽恕"能结束这一切。当我们放下骄傲,开始原谅时,我们"找回心理平衡"的原始冲动就戛然而止了。原谅是为了我们自己的利益。为什么?因为报复不仅会让冒犯者付出代价,也会让寻求报复的人付出代价。一旦你把自己从想要报复的欲望中解放出来,你的报复心就终结了,并使自己免受进一步的伤害。

我们该怎么做呢?我们要如何做到原谅?首先要把我们的骄傲放下,尽我们最大的努力从别人的角度看问题。事实上,如果你不愿意看到事情的另一面,你就永远无法以一种有效的方式接近你的朋友。困扰双方的友谊问题,很少百分之百是单独一方的错。牢记这一点,你就会在实践宽恕的道路上走得很好,而不是试图找心理平衡。

请牢记，事实就是我们永远无法使天平平衡。宽恕的结果是甜蜜的和平，它为进一步修复你们的友谊奠定了基础。

第四步：诊断问题

我（莱斯）最近和一个感到非常孤独的人进行了一次很精彩的谈话。一开始，我问了一个心理咨询的标准问题："你有什么亲密的朋友吗？"

"没有。我对同事们很友好，但我和谁都不亲密。"

"为什么呢？"我问。

"嗯，几年前，我和某个朋友的关系真的很好，我们每周一起锻炼好几次。但突然有一个星期，他没有出现。我从一个共同的熟人那里听说，他对我说的一些话感到不安。后来我们就没有再见面了。"

他的故事让我很困惑。"你是怎么冒犯了他呢？"我问道。

"我不知道。"

我很疑惑。"你是说，你从来没有问过他到底怎么回事？"

"没有，我就放着这件事不管了。我想，要是他这么生气，那问他又有什么用呢？"

多么悲伤的故事。两个关系很好的朋友，由于一个小误解，友谊就这么破裂了。让我困惑的是，他没有费心去思考出了什么问题。

没时间陪朋友，有的是时间陪敌人。

——里昂·尤里斯

这种情况比想象中更常见，如果我们想恢复关系，首先要了解导致问题的原因。

有时，我们会想避免揭开问题，不愿意承认问题存在。尽管我们都知道"每个人都是普通人",但其实我们经常赋予某些人传奇色彩(给他们加上滤镜)。如果他们是"好朋友",我们会认为他们任何地方都很好;但当他们让我们失望时,我们往往又会觉得他们糟糕透顶。我们希望人们比他们原本的样子更单纯,而不那么复杂多面。我们不想面对人们身上有好有坏的事实,以非好即坏的视角看人似乎更容易、更实用。但生活,包括我们的友谊中,都有很多灰色地带,并不是非黑即白。如果你不接受这一点,你就会错失很多已经结交的朋友。所以不要假装没有问题,一起把它找出来吧。毕竟,如果诚恳地讨论问题仍不能让这份友谊生存下来,那么这可能也是友谊应该结束的一个标志。

第五步:重建尊重

古罗马政治家和哲学家西塞罗写过一篇关于友谊的好文章。他坚持认为,把真正的朋友聚集在一起的是"对彼此美德的信赖"。当朋友让你失望时,你似乎很难再坚持认可他的美德，但友谊需要这样。这就是为什么修复友谊的最后一步，是重建对你朋友的尊重。

你可能想知道应如何唤起对一个交往失败的朋友的尊重。

首先，注意到你朋友最令人钦佩的品质。问问你自己，他拥有什么品质，能激励你成为一个更好的人？列出这些品质。大多数人会发现自己在权衡这些好品质和坏品质。没关系，重点不是要粉饰你朋友的为人。事实上，你可能会发现，他只是缺乏某种品质。例如，当你需要搭车去商店时，有些朋友会给你提供帮助；但当你为失去的爱情感到绝望时，他们可能一点忙都帮不上。一旦你明白了友谊的界限，你就会更享受它本来的样子，而不会因为它不完美而感到失望。这样做的目的，是通过强调朋友身上你最喜欢的品质，来重建你对他的尊重。

接下来，你需要坦白地承认你断开了联系，为自己没有尽朋友本分而真诚地道歉。找出你所做的导致友谊破裂的具体事情，向朋友道歉，承担应有的责任并请求原谅。最重要的是，道歉要出自真心。道歉背后的想法和态度十分重要。"这是一种意识：你说过的话或做过的事情破坏了一段关系，而你非常在乎这段关系，希望它恢复如初。"如果你这么想并且表现出来，那么你们几乎必然能够达到相互尊重的结果。

练习10:"五步法"修复关系

知易行难。学习了相关知识后,这个练习将实际地帮助你用上述五个步骤修补你受损的友谊。

很可能你对朋友的尊重已经受挫,这就需要进一步地培养。你们的友谊能不能生存和维持下去,最终将取决于尊重的恢复程度。"缺少了尊重,"西塞罗说,"友谊就失去了最华贵的东西。"

这个练习可能需要 15 分钟或更长时间。这些步骤可能看起来有些刻板和繁琐,但不要退却,如果你真的很想修复这段友谊,和你关心的人重归于好,这些步骤将指引你将困难重重的友谊带出泥潭。

第一步:计算代价

为了维持这段友谊,你付出了什么代价?以下哪段陈述更能描述你对这段友谊的感觉?

1. 这段友谊有我看重的价值,值得我付出一些东西去挽回。

2. 这段友谊是不健康的，迫使我在原则问题上妥协。

如果你选择了 2，那么是时候干净利索地斩断关系了。如果你选择了 1，继续下一步。

第二步：进行有意义的接触

你现在需要将以下信息，以合适的方式传达给朋友："我们的友谊对我很重要，我很想念你。我们可以解决我们之间的问题吗？"根据你对朋友的了解，最好是通过发消息、打电话还是面对面谈话，来传达你的心思呢？

清除你内心的杂念，去除任何想要报复朋友的念头。现在，花点时间写下你受到的伤害以及你可能仍然想要报复的感受。诚实地面对你的愤怒和报复情绪。

第三步：尽力宽恕

你已经处理了你受伤的感觉和愤怒的情绪，接下来，通过宽恕来超脱这些情绪吧。这一步不容易，却是关键的一步。这一步是将自己置于朋友的位置，从他的角度来观察你们的关系和你们目前所处的情况。

思考以下问题：

1. 你认为你的朋友对你们之间的状况会有什么感受？

2. 你的朋友是否和你一样感到受伤？如果是，为什么？

3. 如果角色互换，你认为你们的关系会有什么不同？

4. 你知道关系中的问题往往不是完全由一个人造成的，你在其中负有什么责任？

5. 你是否能够放下面子，给予朋友宽恕？如果可以，你会怎么做？

第四步：诊断问题

现在，你已经向朋友传达了你想要和好、希望解决问题的意愿，并且你能够做到宽恕朋友。接下来，你们两个需要一起探讨矛盾出现的原因，以免将来再犯。这一步能否顺利进行，取决于你们俩是否都愿意进行诚实的讨论。

第五步：重建尊重

最后一步最为重要。问问自己：这位朋友具备哪些品质，激励你成为了更好的人？然后列出这位朋友最令你钦佩的六个品质。

     1.

     2.

     3.

     4.

     5.

     6.

现在你已经列出了这些品质,你可以准备向朋友真诚地道歉了,你要表达你们的友情对你有多重要,以及你对他的品质有多么欣赏和感激。

结局可能既宽慰又遗憾

也许你还会想,为了修复破裂的关系所做的努力都会有结果吗?很不幸的是,我们确实不能保证有没有回报。有些关系无论你多么努力都无法恢复到曾经的快乐状态。但是,当你想起以前的朋友时感到遗憾或悔恨,却什么都不做,那就永远没有任何结果。即使最后你们的关系没有恢复,但尝试本身就会带来一定的满足感。这就是我(莱斯莉)在试图恢复我与蕾妮破裂的关系时所学到的。

> 笑对于交朋友倒是个不错的开端,要是以笑告终那就更好。
>
> ——奥斯卡·王尔德

蕾妮和我有很多共同点。当时我们在同一间办公室兼职,几乎立刻变成了朋友。我们都是在职研究生,而我们的丈夫都在攻读同样严苛的全日制博士课程。我们互相信任,互相对高昂的学费和压力表示同情。我们彼此支持,真诚地回应。我们总是让对方开怀大笑。

然而,毕业后一切都变了。我丈夫莱斯和我打算搬到西雅图。一开始,蕾妮和我一样对这个新变化感到兴奋,甚至精心策划了一场告别派对。那天她送给了我一个雕花金手镯,让我能够时常想起我们的友谊。当莱斯和我刚搬到西雅图时,我还确信我和蕾妮的友谊会持续一生。但事实并非如此。

蕾妮几乎立刻显得疏远了,不仅在物理距离上,在情感上也是,在我们打电话的时候她变得冷淡了。我告诉自己这只是一段调整期,以后会好的。但事实并非如此。当我温和地把我的感受告诉蕾妮时,我似乎感觉更加茫然不安了。最后,除了偶尔互寄圣诞贺卡,我们之间几乎没有了联系。我认为是无价之宝的友谊神秘地消失了。

四年后,我打电话给蕾妮,不是为了重建我们的友谊,而是为了做一个了结。"我知道你没想到会收到我的消息，"我告诉她，"但我只是想让你知道，我很怀念我们在一起的日子，我很想知道你过得怎么样。"蕾妮的声音又恢复了以前的调子：热情、风趣。然而，令我吃惊的是，蕾妮对我们失联表示懊悔。蕾妮告诉我，她的生活中发生了一场个人问题的暴风雨，有人背叛并离开了她，我们的关系也因此受到了影响。我们聊了一会儿彼此的生活，然后再次说再见，并且都清晰地知道，我们永远都无法完全弥合时间和空间在我们之间造成的鸿沟了。

那天的通话苦乐参半，那是一种既宽慰又遗憾的感觉。我们俩都知道，我们不可能再回到从前了。友谊虽然没有恢复，但我们释然了，这就够了。这样的努力值得吗？当然。后来，我们仍然互寄圣诞贺卡，偶尔互相写信，更多是为了纪念我们曾经共同的时光，而不是表达我们现在有多亲近。

即使是失散的友谊，也会以它自己的方式延续下去。

思 考

1. 你有没有一些重要的友谊,但却失散了?如果有,为什么?这些友谊为什么重要?你是否考虑与他们重建联系?

2. "我们对朋友的期待,将决定我们的友谊是否能在动荡时期保持下去",你怎么看待这个观点?回想一些对朋友过度期待的例子。你是如何判断这一点的呢?

3. 这一章指出,友谊的失败大多是由以下三种原因造成的:生活中积极或消极的变化、对关系的忽视、有意无意的背叛。回想自己失败的友谊是哪种原因造成的,你能从中找到什么"治疗方法"吗?

4. 你个人如何决定是否应该修复一段破裂的友谊?换句话说,你如何判断你与朋友的分歧是否真的不可调和?

5. 在修复友谊的五个步骤(计算成本、建立联系、原谅对方、诊断问题、重建尊重)中,哪一个对你来说最难做到?为什么?你能做些什么来让这一步变得简单一点呢?

第三部分.

与恋人

05

想象另一种性别的生活

由于社会环境,男性和女性的生活经历完全不同,实际上是两种文化。

——凯特·米利特

05 想象另一种性别的生活

在一个平常的日子里,一个普普通通的女人走进我们的咨询室,坐在椅子上说:"有时候,我不知道自己做了什么就让男人厌烦了。不知怎么的,我就把他们推开了。也许我的要求太高了,又或者是我的要求不够高,我不知道。男人真令人困惑。"

然后,很可能就在同一天,在同一把椅子上,一个普普通通的、与第一个女人毫无关系的男人坐下来说:"我周围没有一个和我关系不错的女性。我一定是做错了什么,否则我至少应该能和其中一个谈恋爱吧。女人太让人困惑了。"

或许我们时常看到这样的场景,不论男性还是女性,都有可能在异性面前退缩,因为他们不想承担被误解或被拒绝的痛苦,从而选择了和异性保持距离。

性别之间的屏障建立在生命早期。一项关于儿童友谊的经典研究发现,3 岁的孩子说,他们大约有一半的朋友是异性;5 岁的孩子报告的数据是 20%;到 7 岁时,几乎没有男孩或女孩说他们有一个最好的异性朋友。这两个仿佛独立的社交世界直到青春期临近时才会逐渐重新交叉。

我们不能在短短几页的文字里就解决这个古老的性别难题，但从心理学和生物学角度，我们将解释"与异性相处的基本问题"。这些信息将有助于你跨入异性世界。

可能是另一个世界

研究发现，男性和女性感知现实的途径是不同的。在一项大学实验中，学生们被蒙上眼睛，由一名向导带领他们穿过校园建筑下面复杂的隧道迷宫。穿过这片迷宫后，学生们被要求找到一栋熟悉的建筑物。实验中，几乎每位女学生都不确定它的位置；而男学生在这项任务上遇到的困难相对较小。尽管路上有各种障碍物，但男学生能保持一种坚定的方向感，更能确定建筑物的位置，即使他们也蒙着眼睛。

我们再来看另一个实验结果。在一个房间内，学生们被要求在一张凌乱的桌子前等待，而实验者"在准备一些实验用品"。学生们认为他们在等待实验开始，但这实际上是实验的一部分。两分钟后，学生们被带离房间，接着，被要求根据回忆尽可能详细地描述房间内摆放的物品。结果发现，男学生在回忆测试中表现不佳，能够记住的内容很少。大多数男学生无法清晰准确地描述房间的细节，容易漏掉房间内的物品，即使就放在他们面前的桌子上。而女学生则可以更准确地描述房间里有什么东西。实验证明，女性在回忆由随机的、无关的事物组成的复杂图像方面，比男性好 70%。所以在这方面女生队得 1 分。

> 性别间的微小差异，仅仅因为向女孩传授一套口号，而向男孩传授另一套，就惊人地扩大了。
>
> ——罗伯特·路易斯·史蒂文森

在许多类似的实验中，男性和女性始终在不同的方面各有千秋——有时男性的表现优于女性，有时则相反。于是科学家们就开始努力解释这些差异。

追溯到20世纪70年代，当时的女权主义运动导致社会上几乎禁止谈论男女表现上的先天差异。如果你是一名受人尊敬的研究员，还想保住自己的饭碗话，你就不能指出这一点。有人认为，男性主导工程领域是因为社会的压力，而不是基因优势；社会上绝大多数的育儿工作都是妇女做，因为对她们来说几乎没有其他选择。一旦性别歧视被废除，那么世界将变得更公平。但是，性别先天差异的证据依然存在。这些差异并不仅仅是由生命早期的成长方式和社会传统的刻板印象所导致的。

05 想象另一种性别的生活

如果说成功有什么秘诀,那就在于你能够理解对方的观点,能同时从双方的视角来看待事情。

——亨利·福特

科学家们仍在争论性别的先天差异和后天差异。那么这些差异会如何影响你和异性的关系呢?我们的答案是:如果你根据自己的标准来评估异性的行为,而忽略两性显著的社会和生理差异,你就会错过一次有意义的联结,因为你执意让和你交往的异性"变得"更像你。这就是我们所说的两性关系的基本谬误:认为两性之间的误解只是由于诉求不一致,而与心理和生理上的差异无关。

练习 11：如果你是异性呢？

你有没有想过，如果你是异性，你的生活会有什么不同？你的职业抱负会有所不同吗？你和家人的关系会有所不同吗？

这个练习可能需要 15 分钟或更长时间。尽管这些问题可能显得奇怪并难以作答，但请尽量设想一下，如果你是异性，你会过什么样的生活吧。请尽可能诚实地回答以下问题。

1. 如果你作为异性生活，你的第一反应是什么？
2. 如果你是异性，早上准备出门前，你要做的事情会有什么不同？
3. 如果你是异性，性别会如何影响你的职业选择和人生抱负？
4. 如果你是异性，你会在社会中感觉更安全还是更不安全？为什么？
5. 如果你是异性，你对恋爱和婚姻的前景会有不同的看法吗？如果有，是什么？

6.如果你是异性，你与父母的关系会有什么不同？

邀请一些朋友和你一起回答这些问题，然后互相分享答案，你可能会发现一些有益的见解。

与异性相处需要知道的事

情感词汇库

男性或许应该配备一个情感词汇库。并不是说他们对事物的感受不深,但男性有时不像女性那样可以清晰地、轻易地表达他们的情感。但谁会责怪他们呢,他们就是这样长大的。例如一项研究发现,父母会更多地与女儿讨论情绪(愤怒情绪除外),而不是与儿子讨论。所以,成年后男性自然有更少的情感词汇。女性恐怕不能指望男性能像她一样迅速地识别自己的情绪或别人的情绪。

报告式谈话

女性更有可能谈论她们的担忧、感受和经历,男性更有可能谈论想法、概念和理论。男性想告诉你他们所知道的事情。他们利用对话来发现事实信息,就像人类学家使用镐和锤子来挖掘文物一样。男性收集事实、辩论意见,并通过这种沟通方式来解决问题。社会学家黛博拉·坦嫩(Deborah Tannen)称这种谈话风格为"报告式谈话"。所以男性不会对缺乏方向性的聊天过于热情。女性当然可以向生活中的男性谈论她们的担忧、感受和经历,但不能指望男性朋友像女性朋友那样饶有兴味地倾听。

"每个女人都是一门学问。"诗人约翰·多恩如是说。如果男性花时间仔细倾听女性的需求,研究她们和男性之间的不同,就会发现一些与女性相处的原则。不过,我们赞同:这些规则总是有例外。

联结之网

哈佛大学的心理学教授卡罗尔·吉利根(Carol Gilligan)曾说过一个词:"联结之网"。女性承受着人际关系破裂的威胁,如果男性想要维护好与女性的关系,就要咬紧牙关让她们知道你重视这段关系,即使你心里想要远航。每当男性在为更好的明天制订计划、解决问题时，大多数女性都在问："现在发生了什么，我（和其他人）对此有什么感觉？"女性关注当前的感受和经历，因为这些感受和经历让人们彼此之间建立了情感上的联结。因此，当男性对已经发生的事情进行"报告式谈话"或对事物的走向更感兴趣时，女性则对建立"融洽关系"更感兴趣。因此，如果一名男性想解决他和另一半生活中的问题，他必须首先花时间去探索她现在的感受。

与异性建立良好的关系，并不仅仅有赖于认识到性别之间的差异，还需要能够欣赏这种差异。当女性尊重情感克制和分析推理等男性常有的特征时，她们可以改善与这些男性的关系；当男性尊重人际依赖与融洽等女性常有的特征，他们就可以改善与这些女性的关系。

我们会发现，有些人清楚地认识到性别差异，却错误地试图消除它们。这是徒劳无益的。性别差异并不能通过让男人和女人一样地思考、感觉和做事来缓解。而那些理解甚至欣赏两性差异的人，会提高成功建立两性关系的机会。

在异性面前表露另一面

我们刚刚讲完一场性别差异的讲座，走下伊利诺斯州一个大学礼堂的讲台，一群学生在我们周围徘徊，他们有一些想法或问题想说。这时，一个直率的男生走向我们，脱口而出问了一个问题："男生和女生之间有纯友谊吗？"

礼堂突然安静了。甚至那些刚要出门的学生也转过身等待我们的回答。"你们怎么想呢？"我们问道。我们在礼堂里又坐了将近一个小时，听了一场热烈的讨论，几十名学生给出了他们的回答。

那是多年前的事了，我们后来也经常听到这个问题。我们回顾了几十项关于异性友谊的科学研究，并调查了一些人群。我们还听取了无数男性和女性关于这个问题的讨论。我们现在已经很熟悉正反两面的观点了。

> 如果女人像男人那样写作、生活，像男人那般打扮，那将是无尽的遗憾。如果两种性别都不足以应对广阔而多样的世界，只靠一种又怎么能行？
>
> ——弗吉尼亚·吴尔夫

一种观点认为，男女成为朋友的想法很迷人，但希望渺茫。他们最终会变成恋爱关系，或者很快就会疏远。也许这种观点是对的。毕竟，与我们在电影中看到的无数爱情故事相比，男女友谊很少被描绘成一种持续的、独立的纽带。你能想到多少故事中的男女主人公是以持久、忠诚的友谊作为结局的呢？广受好评的电影《当哈利遇到莎莉》(*When Harry Met Sally*)，引发了很多对异性友谊的讨论，但这最终也不过是另一种浪漫爱情故事。男女主人公混乱而可爱

05　想象另一种性别的生活

的友谊只是常见的恋爱关系的其中一个发展阶段。

另一方面,有些人似乎对这个问题感到惊讶:怎么会没有呢?他们认为男女之间的纯友谊当然是可以有的。这些人的口中,男女友谊中存在浪漫吸引力是很奇怪的。他们完全忽略了这种影响。"我有一个好朋友是女性,"某位持这个观点的男性这样说道,"我从来没有想过要以一种浪漫的眼光来看待她。""我和男性的友谊远没有我和女性的关系复杂,"一位持这种观点的女性这样说,"我们可以一起运动,玩得很开心。"

当男女达成一致时,他们只是在结论上一致;他们的理由总是不同的。

——乔治·桑塔亚那

我们对那些与异性"只是朋友"的人进行了非正式调查，我们听到了一些积极的声音。男人们一遍又一遍地谈到女性的友谊如何为他们提供了一种在男性友谊中通常无法实现的相处方式。他们说："我不需要和她们玩展现男子气概的游戏。我可以向一个女性朋友展示我的弱点，而且确信她依然会接纳我。"当我们询问女性时，我们听到了这样的说法："男性朋友可以给我提供一个很好的男性视角，这是我无法从女性朋友那里得到的。"

有趣的是，女性在异性友谊的亲密程度上与男性不同。即使是那些把男性算作亲密好友的女性，也会感到两者之间的屏障。她们会说："我和男性朋友一起玩很开心，他们甚至可以在某些事情上给我更多支持和帮助，但这与我和女性朋友一起玩的时候是不一样的。如果我试图像和女性朋友聊天一样跟我的男性朋友聊天，我总是会感到很失望。"乍一看，在男女友谊中，男性收到的回报似乎比女性收到的更大。但也不一定总是如此。也有女性报告说，她们与男性的友谊给她们的生活带来了极大的多样性的乐趣。

那么，这是否意味着"男女之间存在纯友谊"？事实上，人际关系问题很难有简单明了的答案。真正的答案是"视情况而定"。所以，你可能会说，让我们开门见山，直抓要点：这种关系的判断取决于什么呢？这取决于关系中双方的发展意愿。你可以看到，这些友谊让男人和女人去展现那些与同性朋友交往时通常不容易表露的部分。对于一个男人来说，一个女性朋友可以让他表达自己更感性的一面，展露自己的脆弱，他对待女性朋友比对待男性朋友更加温柔。然而，在这种异性友谊中，通常缺少一种坚毅的、具有男子气概的情谊。对于一个女人来说，男性的友谊有助于她表达自己更独立、更理性、更坚强的一面——这些可能在女性友谊中是被隐藏的。对女人来说，与男性的友谊中缺少和女性朋友的那种亲密分享和情感互惠。

反 思

1. 回想一下，你和异性相处时，哪些时候比你和同性在一起更自在？你在与异性接触时遇到的最大障碍是什么？

2. 在成长过程中，你认为哪些家庭或社会活动影响了你对性别角色的认识？回顾过去，你认为你的行为方式中，哪些是生长环境塑造的，哪些是生理基础塑造的？

3. 本章的主要观点是，当我们试图从自己的性别特质出发去要求异性时，我们就容易毁掉与异性的关系。你同意吗？你怎样接受甚至欣赏异性与自己的不同品质呢？

06

落入爱河的智者

两人交流时保持自我,爱才有可能存在。

—— 艾瑞克·弗洛姆

她略微变换了下姿势,头稍稍倾斜,挺起上身,轻轻地拢了拢她的栗色头发。突然间,我们的目光交汇了。她笑了,然后慢慢地垂下眼睛,将脸轻轻转到一侧。我感到神魂颠倒,仿佛我的双腿灌满了热乎乎的铅。如果我正确地解读了她的肢体语言——我确定是——她正在暗示我可以接近她。我绝不会让这个信号悄悄溜走。我走了过去。

我没有说一句话,径直走向她,伸手握住了她的手。我指尖的每一根神经末梢都传来一阵兴奋,涌向我的大脑。我们四目相接,虽然只有短暂的一瞬,但我能描述出她脸上的每一个细节。

"每个人都找到舞伴了吗?"音箱里传来声音。然后,突然间,从这个噼啪作响的音响系统里传来钢琴的声音,小提琴欢快地跳跃,前青春期的神经化学物质随着脉博的潜在冲击在体育馆内蔓延开来。和其他30对笨拙的六年级的舞伴一起,我们的脚步后退、前进,再后退,在长达8个节拍的时间里,我们凝视着彼此的眼睛。一切都淡化成了背景。你猜对了。我们正在体育课上学习方形舞……而我陷入了爱河。

如果我没有记错的话,她的名字叫卡洛琳·奥图。我们没怎么说过话，现在我也无法告诉你她的任何消息。但我仍然记得那一天我在体育馆的感受。这个女孩，我想（或者应该说，我感觉），就是我心中的那个人。我当时的感觉太神奇、太强烈了，别无他解。

> 不过说老实话，现今世界上，理性可真难得跟爱情碰头。
>
> ——威廉·莎士比亚

我们渐渐长大成熟，但爱的发生不会有太多改变。看起来，爱是由压倒性的、无法解释的、神秘的情感所主宰的。古希腊人将坠入爱河比作发疯。现代作家也是如此。美国作家玛丽莲·弗伦奇（Marilyn French）写道："这是理性清醒的头脑被错觉和自我毁灭所取代。你迷失了自己，失去了控制，你甚至不能正常地思考。"研究人员已经验证了坠入爱河时令人眩晕的感觉。美国纽约州精神病学研究所

06 落入爱河的智者

的迈克尔·利伯维茨（Michael Liebowitz）的研究表明，当充满激情的吸引力发生时，大脑会释放一种化学物质苯乙胺，我们感到欢欣兴奋，头晕气短。

早在科学实验之前，诗人和哲学家就注意到了爱情的心理效应。尼采这样说："人在爱的状态下，看到的事物与现实相差最大。幻觉在这时达到了巅峰。"莎士比亚这样表达："爱情是盲目的，恋人们看不见自己干的傻事。"英国诗人威廉·布莱克在他的诗作《爱情常会对错误视而不见》中，对这个问题也有自己的看法："爱任意飞翔，无法无天，打破一切思想的锁链。"

确实，激情一旦开始便不会让我们好好思考了。强烈的情感通常阻碍我们对自己、对我们正在约会的人以及对双方共同建立的关系，进行仔细客观的审视。爱上一个人的时候，我们并不知道这次恋爱是否健康有益。强烈的爱无论多么令人沉醉，你都很难衡量这是不是真正持久的亲密。但你却总感觉这是真爱。

太多人在坠入爱河时失去了理智。这就导致了真正的疯狂以及最终的心痛。本章讲述了另一种爱的方法，我们称为智慧爱情（smart love）。它将帮助你用头脑而不仅是心灵来评估你的恋爱关系。

不过,如果你认为带着理智去坠入爱河就减少了激情或浪漫,那就请问问自己:你会不会在不带绳索的情况下玩蹦极?如果你对恋爱缺乏判断力,你就难免一头栽进灾祸里。本章将帮助你保持完好的判断力,同时也保持激情。

对爱情洞若观火的智慧

想象你走进一间人群拥挤的房间,只需四处转转,人工智能就能通过大数据自动匹配出你的最佳约会对象。听起来是不是很科幻?对于麻省理工学院媒体实验室的研究人员来说可不是这样。他们设计了带芯片的"思考标签",一种小型可穿戴设备,可以在房间里智能地寻找其他的"思考标签"并交换数据。标签内含有佩戴者事先录入的个性化内容,可帮助他们找到有共鸣的人。在一个"思考标签"聚会上,人们四处走动,让他们的标签完成配对工作。当他们彼此只有五步远时,标签会亮起一排红绿灯以显示结果。你不需要尝试跟很多人进行乏味的闲聊,就能立刻知道面前的人是否值得认识、交流。

如果你觉得这种人工智能的互动方式听起来有点太机械了,我们可以理解。据我们所知,"思考标签"还没有流行起来。大多数人仍然选择老式的交流方式(即使是在互联网上)。但是,即使你没有佩戴"思考标签",你也可以拥有高爱情智商(Love I.Q.)。

你是否曾经思考过自己在爱情方面的智慧?这不是指你对爱的历史起源的知识性理解,而是指在被这种神秘情感所包围时,保持清醒的能力。这就是智慧爱情所关注的。它不会使爱的感觉变得无趣。智慧爱情仍然是爱情,依然会带来激情浪漫,只不过更明智、更清醒、更洞若观火。在智慧爱情中,你不会不当受骗。例如,你会看清,没有这个恋人你会过得更好。或者,与你在一起的人让你变得更好了。你有信心,知道你的关系正朝着正确的方向发展。

当你的心在甜蜜地畅想时,智慧爱情让你意识到眼前发生的实际情况。加以考虑并做出明智的选择。智慧爱情就是坠入爱河时不失去理智。

练习 12：你的爱情智商有多少？

你会做出明智的恋爱选择吗？这个练习将帮助你确定你在爱情上的天赋才能。

这个练习大约需要 5-10 分钟。诚实地回答以下问题，你将更清楚地看到你是否拥有足够的"爱情智商"。

1. 你认为是你选择了爱情，还是爱情选择了你？

爱情选择我·····························我选择爱情

1　　2　　3　　4　　5　　6　　7

2. 你是否更倾向于和几乎任何人约会，而不是完全没有约会？

和几乎任何人约会················完全没有约会

1　　2　　3　　4　　5　　6　　7

3. 你是否很清楚你想要的约会对象的性格特质，还是更可能在交往过程中发现你想要什么样的对象？

知道我想要的……………………随着过程发现

1　　2　　3　　4　　5　　6　　7

4. 在思考的方式上，你更倾向于感受还是思考？

感受………………………………………思考

1　　2　　3　　4　　5　　6　　7

5. 如果你对某个人有生理性喜欢，但他的价值观和做人的原则与你有明显冲突，你更可能继续和他约会以探索这段关系，还是选择离开？

探索………………………………………离开

1　　2　　3　　4　　5　　6　　7

6. 如果你真的很喜欢某个人，但经过几次约会后，他表现出不尊重你的迹象，你能看到这一点并告诉他吗？还是更可能忍受？

忍受……………………………………看到并告知

1　　2　　3　　4　　5　　6　　7

7. 对于身体上的亲密接触，你是否会设定自己的界限并把控界限，还是更倾向于让你的约会对象决定这方面的进展？

让约会对象决定……………………自己把控

1　　2　　3　　4　　5　　6　　7

8. 你更相信一见钟情还是缓慢培养的爱情？

一见钟情……………………………………缓慢培养

1　　　2　　　3　　　4　　　5　　　6　　　7

总分 _____

计算你的得分，看看你的爱情智商属于哪个级别。

37—56：爱情智商高于平均水平。

25—36：爱情智商处于平均水平。

7—24：爱情智商低于平均水平。

这个练习的目的是帮助你评估你恋爱的自然倾向。如果你的分数低于平均水平，也不要气馁。这只是说明你可能需要更多地从本章讲述的恋爱原则中吸取经验。

智慧爱情是如何运作的

大多数人在策划晚宴或买车上投入的时间和精力都比寻找合适的伴侣要多。不幸的是，随缘谈恋爱有时会导致严重后果。我们知道，谈到爱情时，谈论"策略"听起来很功利。我们经常听到"你应该让爱情自然而然发生"的说法。但这也是一种逃避。想要恋爱谈得好，你要会思考。

你是否考虑过你在恋爱关系中到底想要什么？你到底想在另一个人身上寻找哪些品质？什么性格、经验和能力的人与你匹配？或许你已经列出了一个清单，但你认为你要找的可能不一定是你真正需要的。

在 30 年前的调查中，大学生为理想的约会对象的特质进行排名时，很少将外貌排在首位。但他们言行并不一致。在一项经典研究中，超过 700 名大学生参加了一次舞会，研究人员评估了每位学生的智商、才能、社交技能、人格特质和外表吸引力。研究人员私下询问学生们对约会对象的喜欢程度。唯一能预测他们回答的变量是外表吸引力。

如今的学生更加诚实了,尽管有些肤浅。当被问及他们最看重的约会对象的特质时,他们毫不犹豫地首选"外貌"。所以,让我们都诚实点吧:无论我们是否羞于承认,外表吸引力在可选的约会特质中总是排首位的。这有错吗?当然没错。但恋爱远不是只与外表有关。事实是,外表吸引力是一个好的起点,但不是一个好的维持因素。它可以启动爱情,但不能维持爱情。

美貌之爱,随美貌消逝。

——约翰·多恩

智慧爱情超越外貌的美,寻找维持爱情的原则,这种爱情可能支撑起终身的婚姻。根据耶鲁大学罗伯特·斯滕伯格(Robert Sternberg)的说法,离婚率如此之高,不是因为人们愚蠢地选错了人,而是因为随着时间的推移,一开始吸引他们在一起的因素越来越不重要了。换句话说，外表吸引力是将一对夫妇联系在一起的力量，但这不是促使他们相伴一生的因素。长久以来，夫妇们依赖表面的因素开始了他们的关系，然后希望一切顺利。

然而，提升你的爱情智商，爱情生活会焕然一新。

智慧爱情追求匹配度

我们都听过这句话：异性相吸。但这是真的吗？实际上，相反的人很少会互相吸引，而且就算他们确实相互吸引了，通常也不会长久。你更有可能与相同的人在一起，你们有共同的想法、价值观和愿望，喜欢同样的音乐、娱乐活动，甚至喜欢相同的食物。两人若不同心，岂能同行呢？

但是，怎样才能发现你们有没有共同点呢？

有一个朋友说，她像玛格丽特·米德[①]（Margaret

---

① 著名的美国人类学家，被称为"人类学之母"。——译者注

Mead)一样约会。在双方都有意的约会上,她会带上她那种人类学的、充满好奇的视角,将对方视为"外来物种",观察和记录他们之间的不同。她将前几次约会视为"探险",试着多听少说。这种做法很有效。她不会因为对方不愿意尝试泰餐或在某些时事上与她观点不同,而妄下批评性的结论。随着时间的推移,她会耐心地筛选约会信息,来确定她和约会对象在最重要的事情上是否匹配。

当然,任何亲密关系中都会出现差异。但是智慧爱情知道,为了有一线机会,关系必须建立在共同的基础上。在波士顿的一项对300多对情侣进行的著名研究中,最终分手的情侣在年龄、学业志向、智力和外表吸引力上的匹配度更低。多项研究发现,"异性相吸"的观点几乎没有任何证据支持。相反,最幸福的是那些拥有许多相似之处的情侣。正所谓:"般配的夫妻有翅膀,不般配的夫妻戴镣铐。"

利用在线工具寻找爱情

人们在网络上寻找灵魂伴侣的情况也很普遍。数千万名单身人士都在进行线上约会。事实上，超过半数的婚恋网站注册会员曾经与他们在网上认识的人约会过。20多岁的美国人中有1/5，30岁以上的美国人中有1/10，都在网上积极寻找他们的爱情。这个数字还在不断增加。

每周我们都会听到在网上相遇并喜结连理的幸福情侣的消息。通过婚恋网站认识的夫妇比在现实社交活动中结识的夫妇多了两倍多。一项研究表明，使用婚恋网站的人中，有1/5的人已经和他们在网上认识的人结婚。在美国，这比在教堂认识彼此的夫妇还要多呢。

我们每年都会收到来自全美国的成千上万的单身人士的消息，他们最常问的一个问题是：我应该尝试网上交友吗？

这个问题通常来自一颗真诚的心灵，这颗心在期盼着真爱。

一项关于亲密关系的研究提出了一个大胆的结

论:"选择一个具有合适的个人特质的人,可能是收获一段理想亲密关系的最重要的前提。"换句话说,婚姻关系的成败很大程度上取决于两个人的个性是否契合。你或许可以尝试借用这类网站的专业测评工具来了解与你匹配的性格特质。

智慧爱情重视价值观

卡梅伦和杰斯进行了几次约会之后,卡梅伦在电话中听到杰斯对他的母亲大喊大叫。"我心想,他永远不会这样对我说话。"但一年后,卡梅伦说,大喊大叫几乎成了他们交流的唯一方式。难怪这段恋情最后无疾而终了。

你的约会对象会不断地展示出他的价值观的蛛丝马迹。如果你足够聪明的话,你就会注意到这些细节。一个人的价值观揭示了你们关系的发展轨迹以及你将来被对待的方式。如果你的约会对象尊重他的家人,那么他很可能也会尊重你——因为这是他价值体系的一部分。然而，一个人如何对待家人和朋友也只是体现了他的价值观的一部分而已。

你还需要关注这个人如何对待他自己。他是否总把自己当作受害者？他是否总是责怪别人？钱也能体现价值观。这个人在财务决策上是否明智、慷慨？还有，他是否信守诺言？是否可靠？他是否会和你谈论精神层面的问题？是否有正向的精神追求？

你可以通过关注他们的喜好、恐惧、渴望，以及他们如何度过私人时间，来了解他们的价值观。你对他们的价值观越了解，你就越能明智地看到你们的未来。

智慧爱情不试图改变他人

希区柯克（Hitchcock）1958年的电影《迷魂记》（*Vertigo*）用几个恐怖场景吓到了观众。但最可怕的一幕是，女主角穿着一套灰色的西装和白色的衬衫，头发烫成金色的大波浪，出现在男主角面前。为什么那么可怕？因为男主角将她完全改造成了自己曾深爱过的已故女子的形象。男主角认为他赢得了第二次幸福的机会，可观众已经意识到他们俩的厄运都已经注定。

任何一段试图彻底改造对方的关系，结局都不会好。这正是愚蠢爱情所做的。我们接待过无数来访者，他们相信自己可以"让伴侣改好"。他们太渴望一段完满的爱情，以至于他们自欺欺人地相信——他们现在在这个人身上看到的缺点会在他们爱的影响下不知不觉地消失。以下是智慧爱情要告诉你的真相：你所看到的就是你所得到的，而改变它的机会非常渺茫。

当与一个自认为可以改变他人的人交谈时，我们有时会要求他们思考一下，减轻3磅体重有多难。他们通常会承认减肥的过程很煎熬。然后我们问："那么，改变整个人格的可能性有多大？"

让我们明确这一点：在求爱时就意识到伴侣的缺陷，并发誓要在婚后改造伴侣的人，只是在自找麻烦。

智慧爱情也不试图改变自己

智慧爱情不仅不试图改变别人,还懂得不为取悦别人而试图改变自己。可惜,23岁的朱迪还没有吸取这个教训。

当朱迪遇见唐的时候,她简直不敢相信自己的眼睛。"他很英俊,"她告诉我们,"他什么都有:英俊的外表、自信心、好工作、幽默感,我简直无法相信他会跟我约会。"她继续告诉我们,她朋友的母亲和唐在同一栋办公楼工作,可以提供关于唐的"内幕消息"。

朱迪得知唐热爱航海,在爵士乐队中演奏萨克斯,了解到他曾在印度深度旅行过。凭借各种关于唐的内幕消息,朱迪"温习"了航海、爵士乐、印度以及所有与唐有关的事物。那么,对约会对象的喜好进行一些研究有什么问题吗?实际上没有问题。问题出在朱迪第一次约会时,不仅表现得对他们的"共同兴趣"有了解,还编造了一些小小的谎言来讨好唐。"我喜欢迪齐·吉莱斯皮(Dizzy Gillespie),"她兴奋地告诉唐。但就在一天前,她甚至不知道吉莱斯皮是谁。朱迪对印度食物并不怎么了解,却告诉唐这是她最喜欢吃的。你可能猜到了接下来发生了什么,唐以为他找到了他的灵魂伴侣——"我们如此相似,简直令人毛骨悚然。"他这么说。

> 如果爱意味着一方同化另一方,那么真正的关系就不复存在。爱会消失;不再有可爱之人。完整的自我丧失了。
>
> ——安·奥克利

这的确让人毛骨悚然。几次约会后,这段关系就崩了。朱迪走进我们的办公室,坦白了一系列恋爱方面有关的失败经历,她在这些关系中变成了她认为对方想要的人,就像变色龙改变颜色以融入环境一样。

如果朱迪认为这样会让自己更具吸引力,那么她不仅会扭曲她的好恶,甚至会扭曲整个个性。难怪朱迪无法维持长久的恋爱关系。如果一个人不忠于自己,那么恋情是无法走太远的。

朱迪从内心希望改变自己,而我们也遇到过很多来访者,他们则感受到了伴侣想要改造自己的压力。如果你发现你必须大幅改变自己以适应伴侣,那么你已经遇到了一个危险指示牌,上面写着"此路不通"。做真实的自己是最高原则。勇敢地开启新路吧。安德烈·纪德(André Gide)曾说过:"**宁可因为你是谁而被人恨,也不要因为你不是谁而被人爱。**"

练习 13：你能坚定做自己吗？

你在恋爱关系中所能做的最健康的事情之一，就是做真实的自己。这个练习将帮助你确定你是否容易受到外界压力的影响，或者你是否更有可能坚守自己的信念，成为你想成为的那种人。

这个练习大约需要 5 分钟，评估你能否独立决定自己是谁，还是更容易受到外界影响。

1. 我常常感到我在处理生活中的问题时无能为力。
   - 强烈同意
   - 同意
   - 不同意
   - 强烈不同意
2. 我的未来发展主要取决于我自己。
   - 强烈同意
   - 同意

- 不同意
- 强烈不同意

3. 我对发生在自己身上的事情几乎没有控制权。
    - 强烈同意
    - 同意
    - 不同意
    - 强烈不同意

4. 我真的无法解决一些问题。
    - 强烈同意
    - 同意
    - 不同意
    - 强烈不同意

5. 我几乎可以做到任何我真正下定决心做的事情。
    - 强烈同意
    - 同意
    - 不同意
    - 强烈不同意

6. 有时我觉得是生活中的事情在推着我走。
    - 强烈同意

- 同意
- 不同意
- 强烈不同意

7. 我几乎无法改变生活中许多重要的事情。
   - 强烈同意
   - 同意
   - 不同意
   - 强烈不同意

这个练习旨在衡量你对生活的掌控感。

第 2 题和第 5 题选择"同意"或"强烈同意"且其他题目选择"不同意"或"强烈不同意",表明你拥有心理学家所说的"内在控制点"(internal locus of control)——即你相信你掌控生活,并对自己生活中的事情负责。较强的内在控制点意味着你更有可能忠于自己。

反之,则表明你拥有"外在控制点"(external locus of control)——即你相信发生在你身上的各种事情是由机缘和运气决定的,你并不负责。

不过,请注意,这仅仅只是一个大致的评估,帮助你思考你对自己的责任感,以及你能否感知到真实的自我。

当你想吸引某人时,可能会产生一种情不自禁的愿望,想把自己变成另外一种样子,但这几乎总是会造成灾难。

智慧爱情不会逃避冲突

伴侣没有按约定的时间来接你。伴侣在你朋友面前说了一些尴尬的话，你生气了。无论问题是什么，无论情境如何，情侣间的第一次争吵是不可避免的。你感到心碎、害怕、幻灭，担心你毁了一切。放心吧，没事的。只有愚蠢的爱会去逃避哪怕很轻微的冲突。智慧爱情会通过理解尖锐的言辞和受伤的感觉来更好地理解彼此的关系。

托德和帕特里夏恋爱了一个月后，托德没有邀请帕特里夏参加他公司赞助的一个豪华晚宴。帕特里夏感到很受伤，但她没有说出来。毕竟他们的关系才刚开始。两个月过去了，托德又独自去参加了他的高中同学聚会。帕特里夏感到恼火。他们一直在稳定地约会，难道他们不是一对儿吗？三个月后，托德告诉帕特里夏，他将和他以前的大学室友一起在加利福尼亚州过感恩节，而不是和他的家人以及帕特里夏一起过节。帕特里夏说："那时我爆发了。"这对新恋人发生了他们第一次真正的争吵，充满了喊叫和哭泣。

> 爱是无尽的宽恕,是温柔的眼神,是一种渐成的习惯。
>
> ——彼得·尤斯廷诺夫

之后,他们各自回家,反复在脑海中回放这次争吵,直到帕特里夏给托德打电话。在那一晚和第二天,他们就这段关系进行了第一次真正的对话,表达了他们各自的希望和担心的地方。托德承认自己对被界定为"另一半"有些抵触,但他强调这段关系对他来说很有意义,他希望能继续发展这段关系。

当他们谈完后,托德和帕特里夏都感到精疲力竭,有些虚弱,但他们也感到更亲近了。"通过这次争吵,我更加了解托德了,比前几个月的约会加起来了解得还要多。"帕特里夏知道他们以后还会再吵架,但她也明白他们可以从冲突中获得很多。帕特里夏可不是傻瓜。

智慧爱情明白底线

加里和布伦达相识之后，他们的约会大多是这样进行的：如果加里想在周末见布伦达，他会在周四的某个时候打电话给布伦达，安排好周六晚上的计划；除此之外，布伦达就收不到加里的消息。经过几周后，布伦达犹豫了。"我感觉太不公平了，我没有主动权。如果我想见他，我必须等着，不能安排其他计划。"因此，最终在一个周四，布伦达用甜美的声音告知加里，自己周六有事，拒绝了与加里的约会。她屡次拒绝约会，直到加里最终意识到问题并改变了自己的模式。

这只是一件小事，但它点明了一个重要的问题：恋爱关系中智慧的行为标准。智慧爱情中，你有自己的底线，你可以表示："这是我能够接受的和不能够接受的。"无论是关于常规礼节、与人约会，还是关于性的界限，智慧爱情的底线都保护着你的尊严、操守和幸福。

每个人的底线都是不同的。决定权在你。你自己决定你能够接受的和不能够接受的。关键是要知道你想从伴侣那里得到什么，以及你愿意让步的地方和你不愿意让步的地方。

但请注意：如果你要坚持你的底线，你需要接受最终你可能会孤身一人。如果这段亲密关系不允许你的自我绽放，你一定要有离开的意愿。智慧爱情的底线是：**糟糕的亲密关系永远不会比没有亲密关系更好。**

爱是起落的潮汐

俗话说，"所有的开始都是美好的。"这对于一段充满希望的新的恋爱关系来说尤为真实。但无论多么美好，开始只是一个开始，时间会告诉我们一段关系是否能够持久。而智慧爱情并不将一切都交给命运，它可以让命运的天平向你倾斜。所以，对于那些找到真爱并希望留住爱情的人，我们再说一点想法。

这就是：爱不是静态的。爱不是一种你陷进去又跳出来的东西。**爱是流动的，它像潮汐一样起起落落。**

安妮·莫罗·林德伯格（Anne Morrow Lindbergh）在她的小书《大海的礼物》（*Gift from the Sea*）中写道："当你爱一个人时，你并不是每时每刻都以一种完全相同的方式爱他们。"然而，这正是愚蠢的爱所要求的。智慧爱情则不然。聪明的恋人对爱的起伏有信心，知道它是流动而自由的。我们每天都在努力去保持爱，不坐以待毙，不会被"永远幸福"的神话所吸引而陷入困境。智慧爱情实践着爱的存在方式。

因此，如果你得到了一段健康的、萌芽中的爱情，不要以为爱的感觉是永恒的，从而让自己失望。正如林德伯格所写的那样，不要随波逐流，也不要惊恐地抵制海水退潮。要聪明，要知道无论开始时多么美好，爱情都会一变再变。

认识人类的性

人类的性与其他动物有区别吗？有首流行曲唱道："鸟儿这样做，蜜蜂这样做，跳蚤也会这样做……"事实是，人类的性与鸟类或蜜蜂的性完全不同，区别在哪里呢？在于我们人类拥有最重要的性器官：大脑。人类的性欲是在皮质层运作的，它是大脑的薄外层，也是学习活动发生的地方。人类利用高度发达的大脑来学习管理自己的性冲动——这就是人类与动物不同的地方。换句话说，由于我们是人类，我们对自己的性行为负有责任。当我们的生理反应与理性发生冲突时，我们有能力作出选择，我们的大脑会学习在何时、何地、什么条件下表达性冲动或压抑性冲动，我们不是原始冲动的奴隶。与动物的大脑不同，人类大脑的皮质层使我们能够控制欲望。

性观念上的两个误解

误解一：性是一种无意识的、本能的行为，我们无法控制我们的本能。

事实：大脑皮质完全可以控制欲望。

误解二：性魅力是我们被称羡和被渴望的"证明"，使我们更受欢迎，更自信。性是个人价值的一个标志，性行为是建立情感联系的手段。

事实：如果我们在恋爱关系中没有坚实的自尊基础，不清楚自己是谁，以及自己想要什么，那么，草率的性行为最终会让你感到更加自卑、绝望、孤独和不安。我们可以用大脑控制性冲动。

假如，在一个 1-10 的计分表上，1 代表"没有"，10 代表"很多"，那么，你认为你对自己的性冲动会有多大的控制力？你对在恋爱中划定性行为界限，又有何看法呢？你的伴侣的想法又会有什么不同？

在激情中，人们很难考虑到当下选择的长远后果。如果你在热恋中，那么，现在是时候为你的性行为作出明智选择了，不同的选择不仅会影响你目前的关系，还会影响你和伴侣接下来的路。以下是人们在性行为方面最常见的 5 种选择。请考虑一下。然后自己做出决定。

面对性爱的 5 种选择

选择一："不小心发生了。"

事实：像性这样重要的事情，若你不做出有意识的决定，你就是在撞大运，而没有任何关系能够在这样的基础上存续下去。

选择二:"如果我们相爱,这样做准没错。"

事实:相信"爱可以使性变得神圣",这种观点极具诱惑力。但这是一个谬误,因为即使在一个充满关心和爱的关系中,性也会伴随这段关系的动态发展而变化。我们会对在终身契约之外的性关系产生期望,并产生相应的需求,而这种需求往往会瓦解所有的关系。

选择三:"性行为使我们更亲近。"

事实:如果将性行为作为增进亲密的手段,那么它很快就会变成亲密本身的替代品。

选择四:"我要等到结婚后才发生性关系。"

事实:亲吻、拥抱和牵手都是展示彼此深情和温柔关怀的方式,它们可以是健康约会关系中的一部分。

选择五:"让我们设定界限。"

事实:你需要仔细考虑你和约会对象都认可的、符合你们的价值观和目标的行为,明确在身体接触方面哪些是禁区,并且需要决定亲昵行为会在哪些情景中发生。

思　考

1. 具体来说，你会如何描述迷恋和坠入爱河的情绪？它们是一回事吗？

2. 有人说："坠入爱河打开了想象力的瓶子，却把常识封进了瓶子里。"坠入爱河以何种方式削弱了我们的判断力，干扰了我们的常识？

3. 你是否同意，在约会时探测伴侣的价值观是最聪明的举动之一？为什么？如果你认为这很重要，你会如何去发现约会对象的价值观？

4. 你是如何试图改变对方以取悦自己的？你又是如何试图改变自己以取悦对方的？在这两种情况下，结果是什么？

5. 你在跟人约会时为自己确定了哪些底线？你是否把自己的底线传达给了约会对象？你如何传达自己的底线？

07

分手令我心碎,但我还是完整的

几乎没有任何一项事业,能像爱情一样以如此大的希冀开始,却又如此轻易地以失败告终。

—— 艾瑞克·弗洛姆

07 分手令我心碎，但我还是完整的

"我们需要谈谈"，这是情侣对话中最具威慑力的几个字。当我听到莱斯莉说出这句话时，我就知道有大事要发生了。当时我们已经订婚3个月，距离婚礼还有6个月。她的话虽然轻声细语，却在我心头重重一击。

她很认真，而我则吓得要死。我不记得这场谈话是怎么谈下去的了——现在记忆已经有点模糊了——但我记得她说她需要"空间"时，我完全震惊地站在那里。

"空间？！"我喊道，"你需要多少空间我都会给你。只要告诉我，我们还会结婚。"

"我做不到。"莱斯莉哭了起来。

我也哭了。

"这是怎么回事？"我哀求道，"我以为一切都很好。"

"是很好，但我需要确定我能和你一样做出这个决定。"她说。

我极度沮丧、崩溃、心碎。要分手吗？我们俩？这怎么可能？如果之前我不明白，现在我知道了：爱情是伤人的，通往长久爱情的路是曲折的。当然，莱

斯莉最终和我和好了,婚礼如期举行。但在我们分开的6个星期里,我从未如此孤独。

单相思之苦——不仅是小小的倾心,有时更是一种强烈的热切渴望——每个人在情感生活中的某个阶段几乎都会经历。一项对150多名男性和女性展开的研究发现,只有2%的人从未爱过那些拒绝他们的人,或发现自己没有成为他们浪漫热情回应的对象。

《宋飞正传》中说:"当你刚开始约会的时候,他们应该给你三张'退出恋爱关系免费券'。"要是那么容易就好了。在本章中,我们并不打算帮你免去分手的痛苦,但我们提出了一个现实可行的、用来避免崩溃的分手方案。首先我们探讨为什么有些人会留在糟糕的关系中,然后我们会帮你判断你是否真的应该分手,以及分手后怎么办。本章的大部分内容都适合"想离开的一方"和"心碎的一方"阅读。我们提供了"提分手"和"回应分手"的具体建议。

为什么有些人会留在糟糕的关系中

对时间、精力、金钱的投入，可能会使一些人坚持留在不快乐的关系中，因为他们仍然期待回报。他们不想让努力白费，不想"失败"。有些人可能会因为社会压力而留在不健康的关系中。我们最近与一个看起来很成熟的女性交谈，她有合情合理的理由与男朋友分手，但因为她的朋友们邀请她和男友一起参加一个"情侣"主题的年末大派对，所以她推迟了几个月分手。还有一些人之所以留在不满意的关系中，是因为他们没有"备胎"。对他们来说，"海里有很多鱼"这句老话听起来空洞无物，所以他们就一直困在原地。

人们可能会因为各种原因留在不快乐的恋爱关系中，但最常见的原因是：**即使是糟糕的关系也能带来安全感**。不管这种安全感实际上有多虚假，但身处其中都会带来一种确定感。处于这类关系中的人通常不愿意承认这一点，但就像一双磨损的旧鞋，穿习惯了就会觉得舒服，不管旧鞋有多破，他们都不舍得丢。

布鲁斯，一个24岁的年轻人，最近向我们坦承，他已经在一段"几乎没有未来"的恋爱关系中待了将近两年。他告诉我们，他们几乎每个周末都会吵架。他们的兴趣完全不同，他喜欢赛车，而她喜欢小说。他们甚至都不愿假装去喜欢对方感兴趣的事物。然而，这还不算什么，更令人担忧的是他们缺乏共同的价值观。"我不知道我们为什么还在一起，"他告诉我们，"可能只是因为我喜欢有人陪在身边的感觉。"

果真如此吗？听起来他们不像是在互相扶持。布鲁斯是认真对待这段关系的吗？其实他是。在糟糕的恋爱关系中都有一颗寂寞的心，布鲁斯唯一爱的就是安全感。人类对安全感的迫切渴望比磁铁的吸引力还要大。它会玩弄我们的认知。而且，我们不愿意翻船。因为我们通常不喜欢波澜带来的焦虑。我们静静地坐在我们的爱情之舟中，在我们应该做出一些艰难决定的时候，我们却在漫无目的地漂流着。

分手的 3 个常见原因

詹妮弗抱怨道："我不知道该怎么办。我非常喜欢格雷格，我们也很快乐，但总觉得不对劲。"听起来熟悉吗？我们经常从那些开始对他们的关系感到不安的人那里听到这种话。詹妮弗和格雷格约会了将近 8 个月，她坦白说："我不知道这是否值得。"

如果你曾经有过同样的疑问，这一章将帮助你穿透这些模糊的情感，更清楚地看待你的处境。

也许有无数的原因导致情侣分手，但在一项调查中，150 多对刚刚分手的情侣被要求写一篇匿名的文章，说明"我们为什么分手"，有 3 个原因一再出现。

第一个原因是对自主权的渴望。 有些男性（27%）和女性（44%）抱怨感觉自己被伴侣困住了。一名女性写道："他会因为我和朋友出去而生气。有时是他自己有事绊住了，没能和我约会，他也要迁怒于我。"她的情况颇有代表性。另一名男性说："我感觉自己像是对方的私有财产。"大多数人在恋爱关系中希望有亲密感和联结感，但不愿以失去合理的自由为代价。

第二个原因是缺乏相似性。 情侣们发现随着关系的发展，他们的态度、信仰、价值观或兴趣都不再一致。无论是涉及深刻的价值观，还是似乎不太重要的生活细节（比如笑点不一致），缺乏相似性是一个常见的分手原因。如果一段关系是"值得的"，我们需要在重要的事情上保持心灵相通。

第三个最常见的分手原因是缺乏支持。 许多男男女女抱怨他们的伴侣没有鼓励、同情或理解自己。有人这样形容："他变得很讨厌。"另一个人说："他从不听我说话……对我的感受漠不关心、无动于衷……他更在乎体育比赛而不是我。"如果我们感受不到伴侣在支持我们，我们就想要分手。

不过，发现分手的合理原因只是迈向分手的第一步。困难仍然在后面。分手是很伤人的，所以人们情愿拖延——就像推迟拔牙，让蛀牙愈演愈烈。即使在一段糟糕的关系中，你也容易告诉自己问题是可以解决的。你很容易瘸着腿继续走下去，希望情况会好转。事实是，分手可能是最仁慈的残酷。当然，分手的双方都很痛苦，但对于一段不健康的关系，你能做的最正确的事情就是结束它。分手可以让你们在伤得太重之前就停下来。它让你们带走彼此共享过的美好,把坏的留在身后。它让你们都可以重新开始。

练习 14：是时候分手了吗？

"如果 _____，那么也许是时候分手了。"你会如何完成这个句子呢？这个练习将帮助你判断是不是该分手了。

下面这些描述是一些导致分手的因素，花点时间回顾你们交往的情况，并在符合自身情况的描述前打勾。这个练习大约需要 10 分钟。

___ 这段关系让你感到窒息。

___ 这段关系让你的生活失衡。

___ 你无法做自己。

___ 你感到被主导、被控制。

___ 你感到你们不再适合对方。

___ 你感到这个人的行为背叛了你。

___ 你对其他人更感兴趣。

___ 你们的价值观冲突。

___ 你在等待这个人改变。

___ 这个人没有促使你成为你想变成的那种人。

___ 你在这个人身边会担心自身安全。

___ 你在这个人身边会感到情感上不安全。

___ 你在这段关系中付出比收获多。

___ 你感到这个人不够尊重你。

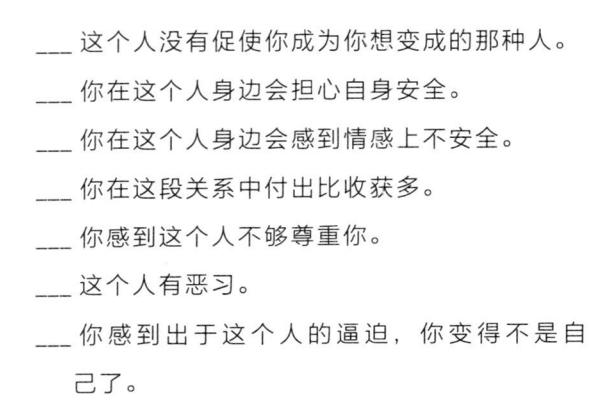

___ 这个人有恶习。

___ 你感到出于这个人的逼迫,你变得不是自己了。

如果你打勾了其中一项或多项,你需要认真考虑是否应该分手,继续前进了。你可以找一个客观的朋友商谈,或找专业人士寻求心理辅导,让他们帮助你理清思路。

接下来,我们将仔细探讨如何正确地处理分手。我们将探讨如果你是主动离开的一方,以及如果你是需要修补受伤心灵的"心碎者",你该怎么做。

当你是想离开的一方时

每个受伤的心灵都有个伤害者。你可能不想承认,但这是真的。同样真实的是,一些伤害者比其他人更优雅。但是如何优雅地拒绝某人的爱意呢?没有简单的答案。不过,以下几点可能会帮助你终止一段恋爱关系,而不至于深深伤害对方的心灵。

与一个信任的人谈心

如果分手的想法在你脑海中打转,你可能会想着守口如瓶。随意向别人透露分手计划显然是不明智的,但与你信任的、关心你的人谈心,可以帮你厘清思绪。也许你有一个可以敞开心扉交流的兄弟姐妹或好朋友,甚至有一对客观明智的父母。很多时候,曾经经历过分手的亲密伙伴更能同情你。

如果这些人都没有起到作用,你可以考虑与心理咨询师讨论你关系中的困难。一个值得信赖的心理咨询师还可以在分手后帮你进行心理恢复。

不要拖延

大多数人可能对分手怀有一种罪恶感，即使你迫切地想离开，你也可能更愿意采取被动的姿态，让一段恋情自然而然、悄无声息地结束。对吗？你不想为戏剧性的告别、彼此的误解、痛苦的讨论所困扰，所以你拖延了。你等到关系已经很紧张了，你的恋人不得不挑明。他感到一场分手正在酝酿，试图让你坦白。这时你会好像被法庭传唤一样，装作没事，而你的恋人在胡思乱想。这是一场分手游戏，你认为如果不用谈分手，就能安全退出这场游戏，你就算赢了。但这不可能。如果你要健康地结束你们的关系，你必须鼓起勇气。

你会说："但我之前从来没有伤害过任何人啊。"你可能会感到内疚。这是可以理解的。这么想的人不止你一个。无法张口告诉恋人这段恋情没有希望，是很常见的心态。毕竟，谁愿意听坏消息呢？但如果你保持低调，继续"友好"，并等待着，希望热恋会消退，事情只会变得更糟。你拖延得越久，就越痛苦。所以，当你感到越发痛苦时，不要进入这个沉默的阴谋。这种策略几乎总是适得其反。它可能滋养了对方的浪漫幻想，无意中鼓励着他更加靠近你。决定了要分手，就分手吧。

> 想分手时会写信，
> 真的分手时就不写了。
>
> ——西蒙娜·德·波伏娃

分手要干净

我们听到伤害者说："他就是不明白，我要怎么做？跟他挑明？"是的！你必须这样做。你可能认为有人情味的做法是含糊其词地说分开，或者接二连三地故意表现得令人失望。你认为如果他感到痛苦就会和你分手。但这是情感恐怖主义，它会将你的恋人的自尊心逐渐削弱到零。

分手最好的方法是诚实而直接。这并不是说，你

07 分手令我心碎，但我还是完整的

说完分手就像孤胆游侠一样消失，而是说，你要传达明确的信息：这段恋爱关系结束了。要诀是，你要怀着同情传达这个信息。你该怎么做呢？首先，你要亲自传达这个信息。这听起来似乎是理所当然的。但当你知道有多少人在电话里说"再见"，有人甚至通过语音留言说分手时，你可能会感到惊讶。我们还知道一个案例，一位男士是让他姐姐告诉他女朋友，这段关系已经结束了。如果你还有一点体面，就不能通过间接方式来分手。为了明确地完成分手，你要诚实并且在场。

诚实并不等同于残酷。我们知道一些想离开关系的人实际上是非常刻薄的。他们希望闭上眼睛就让关系消失，指出对方的每个缺点，连最起码的礼貌都没有。还有那些用委婉的说法来淡化分手的人。他们发出了含混不清的信号，对恋人说："我真的喜欢我们在一起的感觉，但是我们发展得太快了，我想先享受一段良好的友谊。"翻译过来就是："我没兴趣和你继续谈下去，所以我们结束吧。"这种委婉表达的问题在于，对方永远不会真正听到你想要分手的心声。

他们会从你友善的话语中读出许多对你们未来的期待。他们会抓住你话语中积极的方面，而忽略掉你的本意。

> 最猛烈的痛苦也最短暂。
>
> ——威廉·卡伦·布莱恩特

分手要干净、诚实，同时也可以保持温和。首先，告诉对方你喜欢和欣赏他的地方。指出恋人的优点，以及一开始吸引你的地方，总体上表达你对你们关系的喜爱之处。而后，承认你经历了内心的挣扎，才鼓起勇气告诉他你的决定，然后直截了当地说出来："我想和你分手。"以你自己的价值观来解释结束这段关系的原因，而不是指出你认为对方有什么问题。

不要许下你无法兑现的承诺。例如，告诉对方你想要保持好朋友的关系，尽管你心里知道这不太可能。虽然有些夫妻分手后可以保持朋友关系，但这是很罕见的。在分手期间灌输这个想法会导致你们对彼此抱有不切实际的期望。

哀悼丧失

你分手了。你自由了。你解开了锁链,不再受这段关系的束缚,不再履行任何义务。准备好去迪士尼乐园了吗?恐怕还不到时候。每次分手后,都有一个哀悼期,尽管你也为此感到高兴。是的,是你主动选择了"丧失",但它仍然是痛苦的。

即使是结束一段非常糟糕的关系,也可能非常困难和有压力。实际上,美国凯斯西储大学的罗伊·鲍迈斯特博士(Dr. Roy Baumeister)的研究表明,发起分手的人可能比被分手的人更不快乐。通过研究200多个案例,鲍迈斯特发现,在主动结束关系者的报告中,不愉快的情绪如挫折、愤怒、焦虑和内疚,要比被分手者多 1/3 左右。因此,不要自欺欺人地认为,分手就会万事大吉。给自己充裕的时间,来哀悼丧失吧。

当你是心碎的一方时

蜷缩在床上,手里抱着一大桶巧克力冰激凌和电视遥控器?想买张机票去一个不知名的小岛上过隐居的生活?被爱人抛弃会让人发疯。然而,如果你发现自己成了被分手的那个,以下内容将帮你保持理智。

面对现实

玛丽被她的男朋友甩了,她否认分手的事实,深深陷入赢回他的想法中。玛丽坚信,他们分手是因为她对男友当医生的工作没有足够兴趣和理解,于是她整夜待在当地图书馆,仔细研究医学期刊,对人体解剖学产生了一种病态的兴趣。她的公寓里到处都摆着前男友的照片。她的朋友为此感到尴尬,试图告诉她上解剖学课程并不会赢回前任的芳心。然而,几个月来,玛丽一直这样做,认为他们的关系只是暂时出现了问题。但事实并非如此。这段关系永远结束了,而玛丽拒绝承认。

终成眷属最好，爱却不得次之。

——萨克雷

玛丽是相当典型的例子。被分手的人很难接受"被甩"的现实，常常有重新在一起的想法。我们内心有时会有一种感觉，坚信对方和我们感同身受，只是他们不知道而已。

有趣的是，相较于女性，男性更有可能否认一段恋情的结束（男女比例为3：2）。然而，否认分手的代价是你的尊严。牺牲尊严、满脸绝望——从来不是一幅美好的画面。

让自己哭吧

好了好了，你可以去体验滑雪黑道，赤脚走在滚烫的柏油路上，挑战跳伞，那么失恋这件小事又算什么？可事实是，分手是你最艰难的经历之一。它让人心痛，你有权感到生活一团糟。即便离开一段不健康的关系也是令人受伤的。失去一个你依赖的人是可怕的，所以，尽管伤心难过，大声哭泣吧。你会感觉好受些。科学研究表明，哭泣实际上会促使身体释放出一些减轻抑郁的激素，当你在大哭一场之后，生理上和情绪上都感觉更好。眼泪真正地净化了心灵。所以，倾泻你的悲伤，而不是将它藏在心里，伤口将愈合得更快。

打开手机上的音乐应用，你会听到一首又一首的分手歌曲。音乐能替我们表达那些总是难以言说的情感。听音乐是一种宣泄的方式。周末晚上独自一人开车出去兜几圈，随着悲伤的音乐，让自己像个婴儿一样放声哭泣吧。

曾经爱过，这事是多么酸苦！

——阿尔加侬·斯温伯恩

千万要注意，如果在分手几个月后你仍感到抑郁，并且仍在哭泣，你可能需要求助心理医生。如何判断呢？有以下症状表明你的抑郁比一般失恋更严重：失眠、食欲不正常、社交疏离、悲观情绪，以及自残的想法。不过不要担心，如果允许自己在分手后哭泣，你不太可能产生这些症状；恰恰相反，哭泣更有可能会缓解这些症状。

停止责怪自己

24岁的萨拉承认："我想我是那种注定要孤独终老的人。"她是当地一家服装店的经理助理，大部分时候都很开朗，但最近被男朋友甩了。"就挑选男人来说，我可是抓的一手烂牌，而且如果我想要将来过得更好，我需要专注于工作。"她最近的糟糕恋情持续了5个月，因为男友背着她和她的一个朋友出轨而结束。"我觉得自己像个傻瓜，竟然那么轻信他，"她说，"我不信任男人，也不信任我的判断，我应该永远一个人过。"

像很多失恋的人一样,萨拉对自己失去了信心。这是我们在情感咨询中听到的最悲伤的事。我们逐渐认识到自责是自助公式(Self-help formulas)的结果,自助公式告诉我们,我们一定很愚蠢,选择了一个以后会伤害我们的人。是的,如果你总是在选择不好的恋爱关系,你确实需要认真审视自己的行为,但是你为什么要因为陷入爱情就惩罚自己呢?自责并不能帮你从错误中吸取教训并成为更好的人。

那些被伤害过多次的人会自责。他们为"再一次"失恋而感到内疚。最终,他们会将内疚转化为不健康的冲动:暴饮暴食、酗酒、滥用药物、与陌生人发生性关系,甚至完全回避亲密关系。不要陷入自责的陷阱。你并没有强大到可以影响伴侣的行为。你可能在你们的关系中扮演了一定的角色,但你不是一切发生的原因。你不需要自责。

练习 15：避免责怪游戏

你是否难以接受这个想法，即你不是你们分手的原因？你是否认为责任全在自己？你是否认为你本可以用某种方式阻止这种情况发生？如果是这样，你可以花点时间完成这个练习。它将帮你更清楚地了解你对自己的苛刻程度。

这个练习大约需要 10 分钟。思考以下每个陈述，根据你的实际情况，用 1—5 分来评估。

评分标准如下：

1 分 = 很少或从不
2 分 = 偶尔
3 分 = 有时
4 分 = 经常
5 分 = 大部分时间或总是

___ 我相信我本可以做更多事情来防止分手。

___ 我认为我对分手负有责任。

___ 我担心这个人对我的看法。

___ 我需要认真审视自己。

___ 我因分手而感到羞愧。

___ 我讨厌自己让分手发生。

___ 我认为如果我改变自己，就有可能会挽回这个人。

___ 我因分手而责怪自己。

___ 我反复地想那些我本可以采取不同做法的地方。

___ 我希望我能回到过去，做出不同的选择。

总分 x 2 = _____

评分：将你的得分相加，然后乘以 2。总分为 100 分。得分解释如下。

90—100 你陷入了自责与自我惩罚，深受折磨。你可能需要专业的心理辅导，以便更客观地看待现实，获得解脱。

80—89 你可能暂时不需要专业帮助，但你的身心健康仍然存在风险。你需要找可靠的朋友帮你理清你的感情,并意识到你的自我惩罚倾向可能会变得严重。

10—79 你正在逐渐摆脱内疚的陷阱。尽管你可能因自我惩罚而痛苦,但大致上,你正在经历人们分手后常有的自然感受。你需要特别注意,不要让自责情绪恶化。

远离复仇

"我感觉自己就像是爱情公路上被碾死的动物,"贾斯汀坐在我们的办公室里说,"我不会为任何人落到这步田地。"他的脸涨得通红,咬牙切齿,额头的血管凸起。"到头来我一定会让詹妮付出代价的!"

哎呀!在这场愤怒的咆哮后,我们再也没有见过贾斯汀,也不知道他有没有与前女友詹妮"扯平",但说这种话的并不只有他一个人。有时,分手经历是如此丑陋、恶劣,报复似乎成了解药。我们听说过一个女人对甩掉她的那个男人感到非常愤怒,她传播了一连串恶毒的流言蜚语来抨击他——他对母亲像小学三年级孩子那样依赖,他有社会病态人格障碍,撒谎成性,等等。天地间没有比被甩的情人更愤怒的人了。

如果报复的情景似乎很符合你的情况,那么你要小心,复仇会吞噬你自己。英国小说家夏洛特·勃朗特在《简·爱》中写道:"我头一次尝到了复仇的滋味,就像品尝了芬芳的美酒,刚入口时又暖又醇,余味却又涩又辣,像喝了毒药似的。"从勃朗特的洞察中汲取教训,不要报复,让它过去吧。这会让你变得更好、更坚强。

天堂的雷霆比不过由爱而生的恨,地狱的烈焰也比不上女人遭轻慢的仇火。

——威廉·康格里夫

觉察"反弹期"

分手后,你感到被你在乎的人拒绝,这几乎足以让任何人迅速投入到第一个示好者的怀抱中。事实上,这种经历非常普遍,它甚至有一个名字:反弹期(rebound)。但如果你一旦陷进去,很可能只会为自己带来再一次的心碎。为什么呢？研究显示，处于反弹期的人往往会爱上那些很快会甩掉他们的人。

最容易遇到这种情况的是那些"对被爱感到焦虑"的人们，他们会因为过于依赖这段关系，反而把伴侣越推越远了。他们太害怕被抛弃，会拥抱任何一个愿意接受他们的人。他们丢掉了一切理性，看不清新欢的真实面目。我们已经见过这种情况不下几十次了，而结局总是令人难过。绝望心碎的人放弃了他们的理性判断，只为了在这个新欢身上找到一丝爱的感觉。而你知道吗？他们爱那些新欢，但并不像爱某个具体的人，他们只是爱上了某个在爱情食物链中寻找脆弱猎物的猎食者。不要变成脆弱的猎物。

分手后会怎样

从分手中恢复过来从来都不是易事。然而，毫不奇怪的是，离开某人通常比被甩要容易恢复。研究明确显示，无论男性还是女性，当他们是那个提出分手的人而不是那个心碎的人时，他们都会感到较少的沮

07 分手令我心碎，但我还是完整的

丧和孤独，以及更多的轻松。实际上，分手双方的情感反应往往几乎完全相反：一个人越高兴摆脱关系，另一个人就越感觉糟糕。

然而，可以公平地说，结束一段关系，甚至是一段糟糕的关系，双方都会有痛苦。经常吵架的夫妻通常会惊讶地发现，他们一旦分开后，与对方仍然有情感上的联系。同样的情况也出现在那些离异家庭的孩子身上，在父母早早抛弃掉他们之后，他们还继续依恋着那冷漠或虐待他们的父母。无论你是提出分手的一方还是被分手的一方，你都会经历失落，都会感到悲伤。

顺便说一下，与刻板印象不同的是，研究表明，男性分手后的痛苦与女性持平。有些男性分手后会持续悲伤更久。此外，一些研究发现，对于女性来说，最痛苦的时期是在分手前，而男性是在分手后。为什么会这样呢？一个原因是女性提出分手的次数比男性多，因此她们在情感上更有控制感。另一个原因是，女性有更多的朋友来帮助她们应对分手后的困扰。女性也更倾向于对情感的丧失做好准备，因为她们更清楚自己在一段关系中的情感依赖。另外，男性往往不

会花费太多时间和精力来思考他们的婚恋关系，直到关系破裂。因此，他们可能不会意识到他们已经在情感上对伴侣产生了多大的依赖，并且比他们预期的更受伤。

> 我们爱的时候最没防备着不幸，
> 失恋时也最无助地不幸着。
>
> ——西格蒙德·弗洛伊德

无论你是男性还是女性，是提出分手的一方还是被分手的一方，在任何一段恋爱关系解体后，你都会经历一些可预测的哀伤阶段。研究哀伤的先驱者伊丽莎白·库布勒－罗斯（Elisabeth Kübler-Ross）对200多名面临生理死亡的临终患者进行了研究，这些研究也可以为我们理解爱情的消亡提供一些启示。她提出了哀伤的5个阶段，包括：否认、愤怒、讨价还价、抑郁和接受。当然，这些阶段并不是清晰明确的，失恋的人可能在几个阶段之间来回摇摆。哀伤从不是一个平稳的过程。让我们更详细地看一下每个阶段。

否认

分手后,许多人经历的第一个阶段是否认。对于毫无防备就被分手的人来说,这种麻木感尤为常见。突然之间,他们就像烫手山芋一样被甩掉,对此他们震惊不已。他们自言自语:"这不可能发生,这不是真的。"怎么可以有人上一秒还完全占据你的生活,下一秒就消失了呢?你们相爱的欢欣怎么会突然消失,就好像拙劣的魔术表演中的兔子一样?在这个初始的否认阶段,关系的崩溃似乎是难以理解的。

愤怒

然而,随着时间的推移(有可能是几分钟,有可能是几天),麻木感会减退,让位于下一个阶段——愤怒。分手的现实已经深入人心之后,几乎我们所有人内心都会出现一种恶毒的情绪，想要发疯、发泄。我们最近在我们任教的学校里与一位年轻女性交谈，她在被前男友甩掉后试图以自杀来吓唬前男友。她坦言："我其实不想死，我只是想让他知道，他不能随便抛弃我后还想岁月静好。"与之相比，另一种更为常见的愤怒策略是"不是你要分手而是我要分手"。通过扭转角色（即使只是自我认知上的），被分手的一方会感到更有权力，更有控制感。当然，提出分手的一方也可能经历这个愤怒阶段，通常一想到对方为了找回心理平衡而做了无数可怕的事情，就会怒不可遏。

讨价还价

当愤怒消退后，讨价还价阶段就开始了。在这个阶段，心碎的人，有时甚至是提出分手的人，会渴望有机会重新挽回消逝的关系。"我可以改变"成了被分手的人的主旋律，"也许我应该再给他一次机会"成了提出分手者的心曲。于是一方的内疚感与另一方的自我厌恶感互相交易，同时暗暗地共谋（即使只是内心里）维持他们垂死的关系。他们不愿意放弃他们对爱情的微弱希望，他们拼命寻找任何可能使关系继续的方法。他们鼓起劲儿煽动爱情的火焰，让它不要熄灭。有时，这些绝望的努力会在短时间内成功，但通常最终只是在拖延不可避免的分手。

抑郁

你尝试了通过沟通以重新建立关系，但还是以失败告终，自然而然就到了下一个阶段：抑郁。于是，你入住了"心碎旅馆"，拉下百叶窗，拔掉电话线，听着每一首分手情歌，似乎每一个音乐频道的播放列表都是为你定制的。于是，你回忆起那些美好的往事，有时会被刺痛，你愁眉不展，孤独一人。但这都没关系。实际上，这是健康的。在失去你爱的人后感到抑郁是正常的。英国精神科医生约翰·鲍尔比（John Boulby）在他的著作《丧失》（Loss）中认为，"悲伤是针对任何不幸的正常而健康的反应"。他继续说，如果在经历丧失之后不抑郁,我们以后会更加痛苦。在这个阶段我们能够宣泄痛苦,洗净内心的有毒情绪。悲伤和抑郁几乎总是随着时间的流逝而消减。而当它们减少时,你就进入了最后一个阶段——接受。

接受

根据诗人罗伯特·弗罗斯特(Robert Frost)的说法,"接受"发生在我们向爱情鞠躬告别时,当我们意识到爱情的季节已经过去。一旦我们适应了最初的冲击,消除了反射性的愤怒,放弃了讨价还价,治愈了受伤的心,"接受"会将让关系顺其自然的消逝。不再有强求、不再有关系游戏、不再有虚假的期望、不再有痛苦,只有接受。

最近一个年轻人告诉我们:"当我与卡伦分手时,我感觉我的心真的要裂成两半了。我很沮丧,几天都没胃口,我最终陷入了深深的抑郁。"他告诉我们,距离他女朋友提出分手已经将近 9 个月了。他说:"没有人能说服我从卡伦的事情中走出来,但是时间帮我做到了。"他继续告诉我们,他和卡伦现在久不联系了,但他为曾经认识她而感激,并且从他们的关系中学到了"很多很多"。这就是"接受"的标志。

当你增强了自尊,学到了一些教训,并且有了继续前进的力量时,你就知道自己已经达到了"接受"的状态。

如果你在分手后经历了这些阶段,你会知道它们并不是那么简单和直接的。一些阶段可能会重叠、共存,而其他一些阶段可能会跳过。无论路途如何曲折,终点始终是一样的:接受。这是否意味着你和你的前任会成为"普通朋友"呢?

男性和女性在分手后保持朋友关系的概率有多高?这取决于不同情况。如果你们都同意分手,保持朋友关系的可能性会增加。但很少有分手是真正共同提出的。研究表明,51%的分手由女性发起,42%的分手由男性发起,这意味着只有7%的分手是真正共同提出的。有趣的是,如果男性主动提出与女性分手，他们更有可能建立友好关系。但如果是女性主动提出与男性分手，几乎不太可能保持"普通朋友"的关系。

思　考

1. 从观察他人分手的经历中，你学到了什么？你见证了哪些分手似乎是合理的，而分手时你会说什么来避免困扰？

2. 你是否曾经为了安全感而留在一段不快乐的关系中？是什么让你最终能够继续前进？

3. 作为分手的发起者，你会怎样减少分手给对方带来的痛苦？

4. 作为分手的接受者，你会采取哪些措施来保持自尊心？

5. 在分手后的各阶段（否认、愤怒、讨价还价、抑郁、接受）中，你认为哪个阶段最重要，为什么？